SPANISCH
für die Reise

Herausgeber: Redaktion des Berlitz Verlags

Wichtiges auf einen Blick

● Am besten beginnen Sie mit der **Anleitung zur Aussprache** (S. 6–9) und sehen sich danach **Die ersten Worte** (S. 10–15) an. So eignen Sie sich einen Grundwortschatz an und werden gleichzeitig mit der spanischen Aussprache vertraut.

● Einen allgemeinen Überblick gibt der **Inhalt** (S. 3–5). Jedes Kapitel enthält einfache Sätze und Redewendungen, gefolgt von Wörtern, die Sie je nach Bedarf einsetzen können, außerdem nützliche Reiseinformationen und Ratschläge.

● Am Anfang der Kapitel **Gaststätten** und **Einkaufsführer** stehen zusätzliche ausführliche Inhaltsangaben (Speisekarte, S. 39; Geschäfte, S. 97).

● Die **Kurzgrammatik** (S. 159–163) bringt Ihnen den spanischen Satzbau und andere Regeln näher.

● Wenn Sie schnell ein bestimmtes Wort brauchen, schlagen Sie im **Wörterverzeichnis** (S. 164–189) nach. Sie finden dort nicht nur die spanische Übersetzung, sondern auch einen Verweis auf die Seiten, wo das jeweilige Wort in einem Satz vorkommt.

● Das **farbige Register** mit Kapitelbezeichnungen in deutsch *und* spanisch ermöglicht rasches Nachschlagen. Bei Bedarf kann Ihr Gesprächspartner auch das **spanische Inhaltsverzeichnis** am Schluß des Buches benutzen.

● An verschiedenen Stellen im Buch werden Sie dem Symbol ☞ begegnen. Es kennzeichnet mögliche Fragen und Antworten Ihres spanischen Gesprächspartners. Falls Sie ihn nicht verstehen, zeigen Sie ihm das Buch und lassen ihn auf den zutreffenden spanischen Satz deuten. Die deutsche Übersetzung steht gleich daneben.

Copyright © 1971, 1988 Berlitz Verlag, Macmillan S.A., Avenue d'Ouchy 61, 1000 Lausanne 6, Schweiz. Alle Rechte vorbehalten, insbesondere das Recht der Vervielfältigung und Verbreitung sowie der Übersetzung. Ohne schriftliche Genehmigung des Verlags ist es nicht gestattet, den Inhalt dieses Werkes oder Teile daraus auf elektronischem oder mechanischem Wege (Fotokopie, Mikrofilm, Ton- und Bildaufzeichnung, Speicherung auf Datenträger oder ein anderes Verfahren) zu reproduzieren, zu vervielfältigen oder zu verbreiten. Berlitz ist ein beim U.S. Patent Office und in anderen Ländern eingetragenes Warenzeichen.

Völlig überarbeitete Neuausgabe – 3. Auflage 1989
Printed in Switzerland

Inhalt

Anleitung zur Aussprache	6
Die ersten Worte	10
Ankunft	16

16	Paßkontrolle	19	Wo ist...?
17	Zoll	19	Hotelreservierung
18	Gepäck – Gepäckträger	20	Autoverleih
18	Geldwechsel	21	Taxi

Hotel – Unterkunft	22

23	Empfang	29	Wäscherei – Reinigung
26	Allgemeine Fragen	30	Friseur – Kosmetiksalon
28	Telefon – Post	31	Abreise
28	Schwierigkeiten	32	Camping

Gaststätten	33

34	Essenszeiten	49	Soßen
35	Die spanische Küche	50	Gemüse
36	Fragen und Bestellen	51	Gewürze und Kräuter
37	Diät	52	Käse
38	Frühstück	53	Obst
39	Was steht auf der Speisekarte?	54	Nachtisch
		55	Aperitifs
40	Die Speisekarte lesen	56	Wein
41	Vorspeisen	58	Sangría
43	Salate	59	Bier
43	Suppen	59	Spirituosen und Liköre
44	Omeletts	60	Alkoholfreie Getränke
45	Paella	61	Reklamationen
45	Fisch und Meeresfrüchte	62	Rechnung
47	Fleisch	63	Imbisse – Picknick
48	Geflügel und Wild		

Reisen im Lande 65

65	Eisenbahn	74	Schiff
66	Auskunft	74	Fahrradverleih
68	Fahrkarten – Reservierung	75	Auto
70	Schlafwagen	76	Weg – Richtung
70	Gepäck – Gepäckträger	77	Parken
71	Flugzeug	78	Panne – Straßenhilfe
72	Bus – Straßenbahn	79	Unfall – Polizei
73	U-Bahn	79	Verkehrszeichen

Besichtigungen 80

81	Wo ist...?	84	Gottesdienste
82	Eintritt	85	Auf dem Land
83	Wer – Was – Wann?		

Unterhaltung 86

86	Kino – Theater	89	Stierkampf
87	Oper – Ballett – Konzert	90	Sport
88	Nachtklubs – Diskotheken	92	Strand

Bekanntschaften 93

93	Vorstellen	95	Einladungen
93	Näheres Kennenlernen	96	Verabredungen
94	Das Wetter		

Einkaufsführer 97

98	Geschäfte	115	Buchhandlung
99	Nützliche Einrichtungen	117	Campingausrüstung
100	Allgemeine Redewendungen	119	Elektrogeschäft
		120	Fotogeschäft
104	Apotheke – Drogerie	122	Juwelier – Uhrmacher
108	Bekleidung	124	Lebensmittelgeschäft
109	Farben	125	Optiker
109	Material/Stoffe	126	Tabakladen
112	Kleidungsstücke	127	Andenken
113	Zubehör	127	Schallplatten – Kassetten
114	Schuhe	128	Spielwaren

Bank und Geldangelegenheiten — 129

130 In der Bank 131 Geschäftsausdrücke

Post und Telefon — 132

132 Postamt 134 Telefon

Arzt — 137

137 Allgemeines	143 Rezept — Behandlung
138 Körperteile	144 Honorar
139 Unfall — Verletzung	144 Krankenhaus
140 Krankheit	145 Zahnarzt
141 Frauenarzt	146 Erholung — Kuren

Allerlei Wissenswertes — 147

147 Länder	154 Feiertage
149 Zahlen	155 Uhrzeit
151 Jahr und Alter	156 Abkürzungen
152 Monate	157 Aufschriften und Hinweise
153 Tage — Datum	158 Notfall
154 Grüße und Wünsche	158 Fundsachen — Diebstahl

Kurzgrammatik — 159

Wörterverzeichnis und Register (Deutsch—Spanisch) — 164

Spanisches Inhaltsverzeichnis — 190

Übersichtskarte Spanien — 192

Unser aufrichtiger Dank gilt Birgit Reymond und José Carasa für ihre Hilfe bei der Abfassung dieses Buches sowie Herrn Dr. T.J.A. Bennett für die Erstellung der Lautschrift.

Anleitung zur Aussprache

Überblick über die spanische Schreibung und Aussprache

Die von uns gewählte vereinfachte Umschrift ist wie Deutsch zu lesen: besondere Aussprachregeln und Zeichen werden unten erläutert. Natürlich stimmen die Laute zweier verschiedener Sprachen nie ganz genau überein; aber wenn Sie die folgenden Anleitungen sorgfältig beachten, sollten Sie mit dem Lesen unserer Aussprachebezeichnung keine Mühe haben und sich ohne weiteres verständlich machen können.

Unsere Umschrift gibt die Aussprache der spanischen Landessprache, des Kastilischen, wieder. Außerhalb Kastiliens kann die Aussprache von den hier gegebenen Regeln etwas abweichen.

Fettgedruckte Silben müssen mit mehr Betonung als die anderen gelesen werden. Hochgestellte Buchstaben werden nur flüchtig ausgesprochen.

Konsonanten

Buch-staben	Annähernde Aussprache	Laut-schrift	Beispiel	
f, k, l, m n, p, t, x	wie im Deutschen*			
b	gewöhnlich wie in Rabe, aber häufig ein weniger klarer, zwischen b und w schwebender Laut, besonders nach einem Vokal	b	**ban**co **pue**blo	**ban**ko p^u**e**blo

---

* k, p und t werden im Spanischen nicht behaucht.

c	1) vor **e** und **i** wie das englische **th** in **th**ing (stimmloser Lispellaut)	θ	**gracias**	gra θ jass
	2) sonst wie **k** in Ha**k**en	k	**como**	**k**ommo
ch	wie **tsch** in ru**tsch**en	tsch	**mucho**	mu**tsch**o
d	gewöhnlich wie in o**d**er, aber häufig ein weniger klarer, zwischen **d** und dem englischen **th** (wie in **th**e, stimmhafter Lispellaut) schwebender Laut, besonders nach einem Vokal	d	**donde** **nada**	**d**on**d**ee na**dd**a
g	1) vor **e** und **i** wie **ch** in a**ch**	ch	**urgente**	ur**ch**entee
	2) sonst wie in **g**ehen; nach einem Vokal ein weniger klarer g-Laut	g	**grande**	**g**ran**d**ee
h	wird nicht ausgesprochen		**hombre**	ombree
j	wie **ch** in a**ch**	ch	**abajo**	aba**ch**o
ll	wie **lli** in Mi**lli**on	lj	**lleno**	**lj**enno
ñ	wie **gn** in Ko**gn**ak	nj	**señor**	sse**nj**or
qu	wie **k** in Ha**k**en	k	**quince**	**k**inθee
r	mit der Zungenspitze leicht gerollt	r	**rápido**	**r**appido
rr	mit der Zungenspitze stark gerollt	rr	**arriba**	a**rr**ibba
s	1) zwischen einem Vokal und **b**, **d**, **g**, **l**, **m**, **n**, **v**, **y**, wie in le**s**en	s	**desde**	de**s**dee
	2) sonst wie in e**ss**en, aber leicht **sch**-gefärbt	ss	**casa**	ka**ss**a
v	gewöhnlich wie **b** in Ra**b**e, aber häufig ein weniger klarer, zwischen **b** und **w** schwebender Laut, besonders nach einem Vokal	b	**vamos** **avena**	**b**ammoss a**b**enna

| z | wie das englische **th** in **th**ing (stimmloser Lispellaut) | θ | lu**z** | luθ |

N.B.: Die Verdoppelung von Konsonanten in unserer Lautschrift verändert nicht deren Ausspache, sondern soll die richtige Aussprache des vorangehenden Vokals – immer kurz! – gewährleisten; z.B. *nada* = **na**dda, *como* = **ko**mmo, *uvas* = **u**bbass.

Vokale

a	wie in Kasse	a	**ta**rdes	**ta**rdess
e	wie in lebendig	e/ee	**e**so	**e**sso
			noche	**no**tschee*
i	wie in ideal	i	**si**	ssi
o	wie in noch	o	**po**r	por
u	wie in gucken	u	**u**no	**u**nno
y	wie **i** in ideal oder **j** in ja	i/j	**y**	i
			ya	ja

1) Im Spanischen sind die Vokale immer kurz.

2) Zur Vereinfachung unterscheiden wir nicht zwischen geschlossenem und offenem **e** und **o**, denn dieser Unterschied spielt keine Rolle bei der Verständigung. Sie werden die beiden Klangfarben von **e** (wie in **Re**flex) und **o** (wie in **Ro**hkost) jedoch *hören* und sie ohne weiteres nachahmen können.

Diphtonge

Die Vokale **a**, **e**, **o** sind »stark« (betont), **i**, **u** und **y** »schwach« (unbetont). Stehen zwei starke Vokale nebeneinander, bilden sie zwei getrennte Silben, z.B. *peor* = pe**or**.

---

* **ee** in auslautenden Silben bezeichnet nicht die Länge des Vokals, sondern soll darauf aufmerksam machen, daß der Laut nicht wie z.B. in »bi**tte**« ausgesprochen wird.

Stehen ein starker und ein schwacher Vokal nebeneinander, wird der starke Vokal mit mehr Betonung ausgesprochen; sie bilden also einen Diphthong, z.B. *bueno* = b**u**enno, *deuda* = de**u**dda. Stehen zwei schwache Vokale nebeneinander, wird der zweite mehr betont, z.B. *ruido* = r**u**iddo.

Betonung

In Wörtern, die auf **s**, **n** oder mit einem Vokal enden, wird die vorletzte Silbe betont, z.B. *uno* = **u**nno, tardes = **tar**dess. In Wörtern, die mit einem Konsonanten (außer **n** und **s**) enden, wird die letzte Silbe betont, z.B. *animal* = ani**mall**.

Weicht die Betonung eines Wortes von diesen Regeln ab, wird dies durch einen Akzent auf der zu betonenden Silbe angegeben, z.B. *último, Bogotá, freír*.

Da manche Wörter bei gleicher Schreibweise zwei (oder mehr) Bedeutungen haben können, wird zur Unterscheidung das eine Wort mit, das andere ohne Akzent geschrieben, z.B. *él* = er, *el* = der, *si* = wenn, *sí* = ja.

Aussprache des spanischen Alphabets

A	a	J	chotta	R	erree
B	be	K	ka	S	essee
C	θe	L	ellee	T	te
CH	tsche	LL	eljee	U	u
D	de	M	emmee	V	be
E	e	N	ennee	W	be doblee
F	effee	Ñ	enjee	X	ekkiss
G	che	O	o	Y	i gr**j**egga
H	atschee	P	pe	Z	θetta
I	i	Q	ku		

Die ersten Worte

Ja.	**Sí.**	ssi
Nein.	**No.**	no
Bitte.	**Por favor.**	por fabor
Danke.	**Gracias.**	graθjass
Vielen Dank.	**Muchas gracias.**	mutschass graθjass
Danke, gleichfalls.	**Gracias, igualmente.**	graθjass ig^ualmentee
Bitte/Gern geschehen.	**No hay de qué/ De nada.**	no ai de ke/de nadda
Entschuldigung/ Verzeihung!	**¡Lo siento!/ ¡Perdón!**	lo ssjento/ perdonn

Begrüßung *Saludos*

Guten Morgen.	**Buenos días.**	b^uennoss diass
Guten Tag.	**Buenos días.**	b^uennoss diass
Guten Abend.	**Buenas tardes.***	b^uennass tardess
Gute Nacht.	**Buenas noches.****	b^uennass notschess
Auf Wiedersehen.	**Adiós.**	adjoss
Bis bald.	**Hasta luego.**	assta l^ueggo
Das ist Herr...	**Este es el Señor...**	esstee ess ell ssenjor
Das ist Frau/ Fräulein...	**Esta es la Señora/ la Señorita...**	essta ess la ssenjora/ la ssenjoritta
Das ist mein Mann.	**Este es mi marido.**	esstee ess mi mariddo
Das ist meine Frau.	**Esta es mi mujer.**	essta ess mi mucher
Sehr erfreut.	**Encantado(a)*** de conocerle.**	enkantaddo(a) de konoθerlee
Wie geht es Ihnen?	**¿Cómo está usted?**	kommo essta usstedd
Wie geht's?	**¿Qué tal?**	ke tall
Sehr gut, danke. Und Ihnen/dir?	**Muy bien, gracias. ¿Y usted/tú?**	muj bjenn graθjass i usstedd/tu

* Zwischen 12 und 21 Uhr. ** Nach 21 Uhr.
*** Als Frau sagt man *encantada*

Fragen *Preguntas*

Wo/Wohin?	¿Dónde?/¿Adónde?	dondee/adondee
Wo ist...?	¿Dónde está...?	dondee essta
Wo sind...?	¿Dónde están...?	dondee esstann
Wo finde/bekomme ich...?	¿Dónde puedo encontrar/conseguir...?	dondee p^{u}eddo enkontrar/konssegir
Wer?	¿Quién?	kjenn
Was?	¿Qué?	ke
Was ist das?	¿Qué es esto?	ke ess essto
Was bedeutet dies/das?	¿Qué quiere decir esto/eso?	ke kjeree deθir essto/esso
Welcher/Welche/Welches?	¿Cuál?	k^{u}all
Welche? (Mehrzahl)	¿Cuáles?	k^{u}alless
Welcher Bus fährt nach...?	¿Qué autobús va a...?	ke autobuss ba a
Wann?	¿Cuándo?	k^{u}ando
Wann kommen wir an?	¿Cuándo llegaremos?	k^{u}ando ljegaremmoss
Wann öffnet/schließt...?	¿Cuándo abre/cierra...?	k^{u}ando abree/θjerra
Wieviel?	¿Cuánto?	k^{u}anto
Wie viele?	¿Cuántos?	k^{u}antoss
Wieviel kostet das?	¿Cuánto cuesta?	k^{u}anto k^{u}essta
Wie?	¿Cómo?	kommo
Wie bitte?	¿Cómo?	kommo
Wie komme ich nach...?	¿Cómo puedo llegar a...?	kommo p^{u}eddo ljegar a
Wie weit?	¿A qué distancia?	a ke disstanθja
Wie heißt dies/das auf spanisch?	¿Cómo se llama esto/eso en español?	kommo sse ljamma essto/esso enn esspanjoll
Stimmt das?	¿Es correcto?	ess korrekto
Warum?	¿Por qué?	por ke

DIE ERSTEN WORTE

Sprechen Sie...?	¿Habla usted...?	
Spricht hier jemand Deutsch?	¿Hay alguien aquí que hable alemán?	ai algjen aki ke ablee alemann
Ich spreche nicht (gut) Spanisch.	No hablo (mucho) español.	no ablo (mutscho) esspanjoll
Würden Sie bitte langsamer sprechen?	¿Puede usted hablar más despacio?	pueddee usstedd ablar mass desspaθjo
Wie sagt man das auf spanisch?	¿Cómo se dice esto en español?	kommo sse diθee essto enn esspanjoll
Könnten Sie es...?	¿Podría usted...?	podria usstedd
aufschreiben	escribirlo	esskribirlo
buchstabieren	deletrearlo	deletrearlo
erklären	explicarlo	explikarlo
übersetzen	traducirlo	traduθirlo
wiederholen	repetirlo	repetirlo
Bitte zeigen Sie mir... im Buch.	Por favor, señale ...en el libro.	por fabor, ssenjallee ...enn ell libro
Ausdruck	la expresión	la expressjonn
Satz	la frase	la frassee
Wort	la palabra	la palabra
Einen Augenblick.	Un momento.	unn momento
Ich sehe nach, ob ich es in diesem Buch finde.	Veré si lo puedo encontrar en este libro.	bere ssi lo pueddo enkontrar enn esstee libro
Was heißt das?	¿Qué quiere decir eso?	ke kjeree deθir esso
Ich verstehe, danke.	Comprendo/ Entiendo, gracias.	komprendo/entjendo graθjass
Ich verstehe nicht.	No comprendo.	no komprendo
Verstehen Sie?	¿Comprende usted?	komprendee usstedd
Haben Sie ein Wörterbuch?	¿Tiene usted un diccionario?	tjennee usstedd unn dikθjonarjo
Ich finde die richtige Übersetzung nicht.	No puedo encontrar la traducción correcta.	no pueddo enkontrar la trraduckθjonn korrekta
Ich bin nicht sicher, ob die Aussprache stimmt.	No estoy seguro(a) de la pronunciación.	no esstoi sseguro(a) de la pronunθjaθjonn

Expresiones generales

Können Sie...? ¿Puede...?

Kann ich... haben?	¿Puede darme...?	p^ueddee darmee
Können Sie mir ...zeigen?	¿Puede usted enseñarme...?	p^ueddee usstedd enssenjarmee
Können Sie mir helfen?	¿Puede usted ayudarme?	p^ueddee usstedd ajudarmee
Können Sie mir den Weg nach ...zeigen?	¿Puede usted indicarme la dirección a...?	p^ueddee usstedd indikarmee la direkθjonn a

Wünsche Deseos

Ich hätte gern/ ich möchte...	Quisiera...	kissjera
Geben Sie mir bitte dies/das.	Por favor, déme esto/eso.	por fabor demmee essto/esso
Bringen Sie mir...	Tráigame...	traiggamee
Zeigen Sie mir...	Enséñeme...	enssenjemee
Ich suche...	Estoy buscando.	esstoi busskando
Ich brauche...	Necesito...	neθessitto

Haben – Sein Tener – Haber – Estar – Ser*

Ich habe/Wir haben...	Tengo/Tenemos...	tengo/tenemmoss
Ich habe Hunger.	Tengo hambre.	tengo ambree
Ich habe Durst.	Tengo sed.	tengo ssedd
Ich habe... verloren.	He perdido...	e perdiddo
Ich habe mich verirrt.	Me he perdido.	me e perdiddo
Ich habe mich verspätet.	Me he retrasado.	me e retrassaddo
Ich bin/Wir sind...	Estoy/Estamos...	esstoi/esstammoss
Ich bin müde.	Estoy cansado(a).	esstoi kanssaddo(a)
Ich bin Deutscher/ Deutsche.	Soy alemán/ alemana.	ssoi alemann/ alemanna

* siehe GRAMMATIK, Seite 162

Es ist – Es gibt... *Es – Está – Hay...*

Es ist...	**Es...**	ess
Es ist nicht...	**No es...**	no ess
Ist es...?	**¿Es...?**	ess
Hier ist es.	**Aquí está.**	aki essta
Es ist wichtig.	**Es importante.**	ess importantee
Es ist dringend.	**Es urgente.**	ess urchentee
Es gibt...	**Hay...**	ai
Es gibt keinen/ keine/kein...	**No hay...**	no ai
Gibt es...?	**¿Hay...?**	ai

Mengen *Cantidades*

ein wenig/viel(e)	**un poco/mucho(s)**	unn pokko/mutscho(ss)
wenige/einige	**pocos/(alg)unos**	pokkoss/(alg)unnoss
viel/viele	**mucho/muchos**	mutscho/mutschoss
mehr/weniger (als)	**más/menos (que)**	mass/mennoss (ke)
genug/zu(viel)	**bastante/demasiado**	basstantee/demassjaddo

Gegensätze *Oposiciones*

alt/jung	**viejo/joven** *	bjecho/chobben
alt/neu	**viejo/nuevo**	bjecho/n^{u}ebbo
draußen/drinnen	**fuera/dentro**	f^{u}era/dentro
frei/besetzt	**libre/ocupado**	libree/okupaddo
früh/spät	**temprano/tarde**	tempranno/tardee
groß/klein	**grande/pequeño**	grandee/pekenjo
gut/schlecht	**bueno/malo**	b^{u}enno/mallo
heiß/kalt	**caliente/frío**	kaljentee/frio
hier/dort	**aquí/allí**	aki/alji
hinauf/hinunter	**arriba/abajo**	arribba/abacho
leicht/schwer	**ligero/pesado**	lichero/pessaddo
leicht/schwierig	**fácil/difícil**	faθil/difiθil
nahe/weit	**cerca/lejos**	θerka/lechoss
richtig/falsch	**correcto/incorrecto**	korrekto/inkorrekto
schnell/langsam	**rápido/lento**	rappido/lento
schön/häßlich	**hermoso/feo**	ermosso/feo
voll/leer	**lleno/vacío**	ljenno/baθio
vorher/nachher	**antes/después**	antess/dessp^{u}ess

* weibliche Form und Mehrzahl der Adjektive, GRAMMATIK, Seite 159

Präpositionen   *Preposiciones*

an	**a, en**	a, enn
auf	**sobre, en**	ssobree, enn
außer	**excepto**	exθepto
bei	**cerca de**	θerka de
bis	**hasta**	assta
durch	**a través de, por**	a trabess de, por
für	**por, para**	por, para
gegen	**contra**	kontra
hinter	**detrás de**	detrass de
in	**en**	enn
mit	**con**	konn
nach (zeitlich)	**después de**	dessp{u}ess de
nach (räumlich)	**a**	a
neben	**junto a**	chunto a
ohne	**sin**	ssinn
seit	**desde**	desdee
über	**encima de**	enθimma de
unter	**debajo de**	debacho de
von	**de**	de
vor (zeitlich)	**antes de**	antess de
vor (räumlich)	**delante de**	delantee de
während	**durante**	durantee
zu	**a, para**	a, para
zwischen	**entre**	entree

Einige nützliche Wörter   *Algunas palabras útiles*

aber	**pero**	pero
auch	**también**	tambjenn
bald	**pronto**	pronto
dann	**entonces**	entonθess
immer	**siempre**	ssjempree
jetzt	**ahora**	aora
nicht	**no**	no
nicht mehr	**ya no**	ja no
nichts	**nada**	nadda
nie	**nunca**	nunka
niemand	**nadie**	nadjee
noch	**todavía, aún**	todabia, aunn
nur	**sólo**	ssollo
oder	**o**	o
schon	**ya**	ja
sehr	**muy**	muj
und	**y**	i
vielleicht	**quizá, tal vez**	kiθa, tall beθ

Ankunft

Paßkontrolle *Control de pasaportes*

Paßkontrolle und Zollformalitäten werden im allgemeinen schnell erledigt. Wenn Sie mit Ihrem eigenen Auto nach Spanien fahren, brauchen Sie: Führerschein (der internationale ist zu empfehlen), Kraftfahrzeugschein und grüne Versicherungskarte.

Hier ist mein(e)...	**Aquí está mi...**	aki essta mi
Paß	**pasaporte**	passaportee
Personalausweis (Identitätskarte)	**documento nacional de identidad**	dokumento naθjonall de identidadd
Führerschein	**permiso de conducir**	permisso de konduθir
grüne Karte	**carta verde**	karta berdee
Kraftfahrzeugschein	**permiso de circulación**	permisso de θirkulaθjonn
Ich bleibe...	**Me quedaré...**	me kedare
einige Tage	**unos días**	unnoss diass
einen Monat	**un mes**	unn mess
Ich weiß es noch nicht.	**Aún no lo sé.**	aunn no lo sse
Ich mache hier Ferien.	**Estoy aquí de vacaciones.**	esstoi aki de bakaθjonness
Ich besuche einen Sprachkurs.	**Voy a un curso de idiomas.**	boi a unn kursso de idjomass
Ich bin geschäftlich hier.	**Estoy aquí de negocios.**	esstoi aki de negoθjoss
Ich bin auf der Durchreise.	**Estoy de paso.**	esstoi de passo

Sollte es Schwierigkeiten geben:

| Es tut mir leid, ich verstehe nicht. | **Lo siento, no comprendo.** | lo ssjento no komprendo |

ADUANA
ZOLL

AUTO, Seite 75

Zoll *Aduana*

Zollfrei dürfen Sie nach Spanien einführen:

Zigaretten	Zigarren	Tabak	Spirituosen	Wein
200	50	250 g	1 l oder 2 l	
oder	oder	oder		
(300)	(75)	(350 g)	(1,5 l) und (5 l)	

(Die Zahlen in Klammern gelten für aus einem EG-Land einreisende Personen und für Waren, die nicht zollfrei gekauft wurden.)

Ich habe nichts zu verzollen.	**No tengo nada que declarar.**	no tengo nadda ke deklarar
Ich habe eine Flasche Wein/eine Stange Zigaretten.	**Tengo una botella de vino/un cartón de cigarrillos.**	tengo unna botella de binno/unn kartonn de θigarriljoss
Das ist ein Geschenk.	**Es un regalo.**	ess unn regallo
Es ist für meinen persönlichen Gebrauch.	**Es para mi uso personal.**	ess para mi usso perssonall
Es ist nicht neu.	**No es nuevo.**	no ess n^{u}ebbo

Su pasaporte, por favor.	Ihren Paß bitte.
Su pasaporte está caducado.	Ihr Paß ist ungültig.
¿Tiene usted algo que declarar?	Haben Sie etwas zu verzollen?
Abra esta bolsa, por favor.	Öffnen Sie bitte diese Tasche.
Tendrá que pagar impuestos por esto.	Das müssen Sie verzollen.
¿Tiene usted más equipaje?	Haben Sie noch mehr Gepäck?

Gepäck–Gepäckträger *Equipaje – Mozos*

Wo stehen die Gepäckhandwagen (Kofferkulis)?	¿Dónde están los carritos de equipaje?	dondee esstann loss karrittoss de ekipachee
Wo ist/sind...	¿Dónde está...?	dondee essta
Gepäckaufbewahrung	la consigna	la konssigna
Schließfächer	la consigna automática	la konssigna automattika
Gepäckträger!	¡Mozo!	moθo
Nehmen Sie bitte...	Por favor, tome...	por fabor tommee
dieses Gepäck	este equipaje	esstee ekipachee
meinen Koffer	mi maleta	mi maletta
meine Tasche	mi bolsa	mi bolssa
Bringen Sie dieses Gepäck bitte zum Bus/Taxi.	Por favor, lleve este equipaje al autobús/taxi.	por fabor ljebbee esstee ekipachee all autobuss/taxi.
Wieviel macht das?	¿Cuánto es?	k^{u}anto ess
Es fehlt ein Gepäckstück.	Falta un bulto.	falta unn bulto

Geldwechsel *Cambio de moneda*

Die Banken sind im allgemeinen Montag bis Freitag von 9 bis 14 Uhr und samstags bis 13 Uhr geöffnet. Außerhalb der Schalterzeiten können Sie auch in einem *cambio* (Wechselstube) oder in Ihrem Hotel Geld wechseln.

Wo ist die nächste Bank?	¿Dónde está el banco más cercano?	dondee essta ell banko mass θerkanno
Können Sie diese Reiseschecks einlösen?	¿Puede cobrar estos cheques de viajero?	p^{u}eddee kobrar esstoss tschekkess de bjachero
Ich möchte... wechseln.	Quisiera cambiar...	kissjera kambjar
D-Mark	marcos alemanes	markoss alemanness
österreichische Schilling	chelines austríacos	tschelinness ausstriakoss
Schweizer Franken	francos suizos	frankoss ss^{u}iθoss

BANK UND GELDANGELEGENHEITEN, Seite 129

Wo ist...? *¿Dónde está...?*

Wo finde ich ein Taxi?	¿Dónde puedo coger un taxi?	dondee p^ueddo kocher unn taxi
Wo kann ich ein Auto mieten?	¿Dónde puedo alquilar un coche?	dondee p^ueddo alkilar unn kotschee
Wie komme ich nach/zu...?	¿Cómo puedo ir a...?	kommo p^ueddo ir a
Fährt ein Bus ins Stadtzentrum?	¿Hay un autobús para el centro de la ciudad?	ai unn autobuss para ell θentro de la θjudadd
Wo ist...?	¿Dónde está...?	dondee essta
Bahnhof	la estación (de ferrocarril)	la esstaθjonn (de ferrokarrill)
Bushaltestelle	la parada del autobús	la paradda dell autobuss
Fahrkartenschalter	la taquilla	la takilja
Fremdenverkehrsbüro	la oficina de turismo	la ofiθinna de turismo
Informationsschalter	la información	la informaθjonn
Reservierungsschalter	la oficina de reservas	la ofiθinna de resserbass
Restaurant	el restaurante	ell resstaurantee
U-Bahn	el metro	ell metro
Wechselstube	la oficina de cambio	la ofiθinna de kambjo

Hotelreservierung *Reserva de hotel*

Haben Sie ein Hotelverzeichnis?	¿Tiene usted una guía de hoteles?	tjennee usstedd unna gia de otelless
Können Sie mir ein Zimmer reservieren?	¿Podría reservarme una habitación?	podria resserbarmee unna abitaθjonn
im Zentrum	en el centro	enn ell θentro
in Bahnhofsnähe	cerca de la estación	θerka de la esstaθjonn
ein Einzelzimmer	una habitación sencilla	unna abitaθjonn ssenθilja
ein Doppelzimmer	una habitación doble	unna abitaθjonn doblee
nicht zu teuer	no muy cara	no muj kara
Wo liegt das Hotel/die Pension?	¿Dónde está el hotel/la pensión?	dondee essta ell otell/la penssjonn
Haben Sie einen Stadtplan?	¿Tiene un plano de la ciudad?	tjennee unn planno de la θjudadd

HOTEL – UNTERKUNFT, Seite 22

Autoverleih *Alquiler de coches*

Im allgemeinen wird für den Fahrer ein Mindestalter von 21 Jahren verlangt. Der internationale Führerschein ist nicht vorgeschrieben, aber empfehlenswert.

Auf den meisten Flughäfen und in der Nähe wichtiger Bahnhöfe gibt es Niederlassungen der großen Autoverleihfirmen. Am Hotelempfang wird man Ihnen bei der Vermittlung behilflich sein.

Ich möchte ein Auto mieten.	**Quisiera alquilar un coche.**	kissjera alkilar unn kotschee
ein kleines/ mittleres/ großes Auto	**un coche pequeño/ no de lujo/ grande**	unn kotschee pekenjo/ no de lucho/ grandee
mit Automatik	**un coche automático**	unn kotschee automattiko
Für einen Tag/ eine Woche.	**Para un día/una semana.**	para unn dia/unna ssemanna
Was kostet es pro Tag/Woche?	**¿Cuánto cobran por día/semana?**	k^{u}anto kobran por dia/ssemanna
Gibt es Wochenendpauschalen?	**¿Hay condiciones especiales para los fines de semana?**	ai kondiθjonness esspeθjaless para loss finness de ssemanna
Haben Sie Sondertarife?	**¿Tienen tarifas especiales?**	tjennen tariffass esspeθjaless
Ist das Kilometergeld inbegriffen?	**¿Está incluido el kilometraje?**	essta inkl^{u}iddo ell kilometrachee
Wieviel kostet es pro Kilometer?	**¿Cuánto cobran por kilómetro?**	k^{u}anto kobran por kilommetro
Ich möchte eine Vollkaskoversicherung.	**Quiero un seguro contra todo riesgo.**	kjero unn sseguro kontra toddo rjessgo
Wieviel muß ich hinterlegen?	**¿Qué depósito hay que dejar?**	ke depossito ai ke dechar
Ich habe eine Kreditkarte.	**Tengo una tarjeta de crédito.**	tengo unna tarchetta de kreddito
Hier ist mein Führerschein.	**Este es mi permiso de conducir.**	esstee ess mi permisso de konduθir
Ich möchte den Wagen in... zurückgeben.	**Quisiera entregar el coche en...**	kissjera entregar ell kotschee enn...

AUTO, Seite 75

Taxi *Taxi*

Die Buchstaben *SP* an der vorderen und hinteren Stoßstange eines Autos bedeuten nicht Spanien, sondern *servicio público*, also Taxi. Der am Ende der Fahrt auf dem Taxameter angezeigte Tarif enthält oft Zuschläge aller Art: für Nachtfahrten, an Feiertagen, vom Bahnhof, Flughafen, Theater, von der Stierkampfarena aus, für Gepäcktransport u.a.m.

Wo finde ich ein Taxi?	¿Dónde puedo coger un taxi?	dondee p^{u}eddo kocher unn taxi
Bestellen Sie mir bitte ein Taxi.	Pídame un taxi, por favor.	piddamee unn taxi por fabor
Was kostet die Fahrt bis...?	¿Cuál es la tarifa hasta...?	k^{u}all ess la tariffa assta
Wie weit ist es bis...?	¿A qué distancia se encuentra...?	a ke disstanθja sse enk^{u}entra
Bringen Sie mich...	Lléveme...	ljebbemee
zu dieser Adresse	a estas señas	a esstass ssenjass
zum Bahnhof	a la estación	a la essstaθjonn
zum Flughafen	al aeropuerto	all aerop^{u}erto
zum Hotel...	al hotel...	all otell
ins Stadtzentrum	al centro de la ciudad	all θentro de la θjudadd
Ich habe es eilig.	Tengo prisa.	tengo prissa
Biegen Sie an der nächsten Ecke... ab.	Doble... en la próxima esquina.	doblee... enn la proxima esskinna
links/rechts	a la izquierda/ a la derecha	a la iθkjerda/a la deretscha
Fahren Sie geradeaus.	Siga derecho.	ssigga deretscho
Halten Sie hier, bitte.	Pare aquí, por favor.	paree aki por fabor
Würden Sie bitte etwas langsamer fahren?	¿Puede usted ir más despacio?	p^{u}eddee usstedd ir mass desspaθjo
Könnten Sie mir beim Gepäcktragen helfen?	¿Podría ayudarme a llevar mi equipaje?	podria ajudarmee a ljebar mi ekipachee
Würden Sie bitte auf mich warten?	¿Puede esperarme, por favor?	p^{u}eddee essperarmee por fabor

TRINKGELD, 3. Umschlagseite

Hotel — Unterkunft

Das Angebot reicht vom luxuriösen 5-Sterne-Hotel bis zur bescheidenen Herberge. Hotelverzeichnisse mit Preisangaben liegen in den spanischen Fremdenverkehrsämtern und meisten örtlichen Reisebüros auf. Bevor Sie Ihr Zimmer beziehen, müssen Sie ein Formular mit Hotelkategorie, Zimmernummer und Preisangabe ausfüllen und mit Ihrer Unterschrift versehen. Das Frühstück ist im allgemeinen im Zimmerpreis inbegriffen.

Hostal (osstall)	Einfacher Gasthof, oft Familienbetrieb, durch Sterne in drei Kategorien eingeteilt.
Pensión (penssjonn)	Herberge mit wenig Komfort, drei Kategorien.
Fonda (fonda)	Einfacher, sauberer Landgasthof.
Parador (parador)	Staatlich geleitete, komfortable und recht preisgünstige Hotels, meist außerhalb der Städte gelegen, oft in alten, historischen Bauten untergebracht. Frühzeitige Reservierung ist ratsam.
Albergue (albergee)	Staatlich geführte Raststätten an Landstraßen. Aufenthalt meist auf zwei Nächte beschränkt.
Refugio (refuchjo)	Jagdhütte in den Bergen, im Winter häufig geschlossen.
Residencia (ressidenθja)	Die Beifügung *residencia* bedeutet, daß es sich um ein Hotel bzw. Hostal ohne Restaurantbetrieb handelt.

Gibt es hier eine Jugendherberge?	**¿Hay un albergue de juventud aquí?**	ai unn albergee de chubentudd aki
Kann man hier... mieten?	**¿Se alquilan... aquí?**	sse alkillan... aki
Ferienhäuser	**casas de vacaciones**	kassass de bakaθjonness
Ferienwohnungen	**pisos para vacaciones**	pissoss para bakaθjonness

CAMPING, Seite 32

Anmeldung *Recepción*

Haben Sie noch freie Zimmer?	¿Quedan habitaciones libres?	keddan abitaθjonness libress
Mein Name ist...	**Mi nombre es...**	mi **nom**bree ess
Ich habe reservieren lassen.	**He hecho una reserva.**	e **et**scho **un**na res**ser**ba
Wir haben zwei Zimmer reserviert.	**Hemos reservado dos habitaciones.**	**em**moss res**ser**baddo doss abitaθ**jon**ness

HABITACION LIBRE	OCUPADO
ZIMMER FREI	BESETZT

Hier ist die Bestätigung.	**Aquí está la confirmación.**	a**ki** es**sta** la konfirma**θjonn**
Ich möchte ein...	**Quisiera una...**	kiss**je**ra **un**na
Einzelzimmer	**habitación sencilla**	abitaθ**jonn** ssen**θil**ja
Doppelzimmer	**habitación doble**	abitaθ**jonn** **dob**lee
Zimmer mit...	**habitación con...**	abitaθ**jonn** konn
zwei Betten	**dos camas**	doss **kam**mass
Doppelbett	**cama matrimonial**	**kam**ma matrimon**jall**
Bad	**baño**	**ban**jo
Dusche	**ducha**	**dut**scha
Wir möchten ein Zimmer...	**Quisiéramos una habitación...**	kiss**je**ramoss **un**na abitaθ**jonn**
mit Balkon	**con balcón**	konn bal**konn**
nach vorn	**que dé a la calle**	ke de a la **kal**jee
nach hinten	**que dé al jardín**	ke de all char**dinn**
mit Blick auf den See/die Berge/ das Meer	**con vista al lago/ a las montañas/ al mar**	konn **biss**ta all **lag**go/ a lass montan**jass**/ all mar
Es muß ruhig sein.	**Tiene que ser tranquila.**	**tjen**nee ke sser tran**kil**la
Gibt es...?	**¿Hay...?**	ai
eigene Toilette	**wáter particular**	^uater partiku**lar**
Heizung	**calefacción**	kalefak**θjonn**
Klimaanlage	**aire acondicionado**	**ai**ree akondiθjo**nad**do
Radio/Fernseher im Zimmer	**radio/televisor en la habitación**	**rad**djo/telebis**sor** enn la abitaθ**jonn**

ABREISE, Seite 31

warmes Wasser	**agua caliente**	agg^{u}a kaljentee
Wäschedienst	**servicio de lavandería**	sserbiθjo de labanderia
Zimmerbedienung	**servicio de habitación**	sserbiθjo de abitaθjonn
Könnten Sie noch ein (Kinder-)Bett ins Zimmer stellen?	**¿Podría poner una cama (para el niño) en la habitación?**	podria poner unna kamma (para ell ninjo) enn la abitaθjonn

Wieviel? ¿Cuánto cuesta?

Wieviel kostet es...?	**¿Cuánto cuesta...?**	k^{u}anto k^{u}essta
pro Nacht	**por noche**	por notschee
pro Woche	**por semana**	por ssemanna
ohne Mahlzeiten	**sin las comidas**	ssinn lass komiddass
mit Halbpension	**por media pensión**	por meddja penssjonn
mit Vollpension	**por pensión completa**	por penssjonn kompletta
Ist das Frühstück inbegriffen?	**¿Está incluido el desayuno?**	essta inkl^{u}iddo ell dessajunno
Ist alles inbegriffen?	**¿Está todo incluido?**	essta toddo inkl^{u}iddo
Gibt es Ermäßigung für Kinder?	**¿Hay alguna reducción para los niños?**	ai algunna redukθjonn para loss ninjoss
Berechnen Sie etwas für das Baby?	**¿Cobran ustedes por el bebé?**	kobran usstedess por ell bebe
Das ist zu teuer.	**Eso es demasiado caro.**	esso ess demassjaddo karo
Haben Sie nichts Billigeres?	**¿No tiene usted algo más barato?**	no tjennee usstedd algo mass baratto

Wie lange? ¿Cuánto tiempo?

Wir bleiben...	**Nos quedaremos...**	noss kedaremmoss
nur eine Nacht	**sólo una noche**	ssollo unna notschee
ein paar Tage	**unos días**	unnoss diass
(mindestens) eine Woche	**una semana (por lo menos)**	unna ssemanna (por lo mennoss)
Ich weiß es noch nicht.	**Aún no lo sé.**	aunn no lo sse

ZAHLEN, Seite 149

Entscheidung *Decisión*

Kann ich das Zimmer sehen?	¿Puedo ver la habitación?	p^ueddo ber la abitaθjonn
Gut, ich nehme es.	Bien, la tomo.	bjenn la tommo
Nein, es gefällt mir nicht.	No, no me gusta.	no no me gussta
Es ist zu...	Es demasiado...	ess demassjaddo
kalt/warm	fría/caliente	fria/kaljentee
dunkel/klein	oscura/pequeña	osskura/pekenja
laut	ruidosa	r^uidossa
Ich wollte ein Zimmer mit Bad.	Había pedido una habitación con baño.	abia pediddo unna abitaθjonn konn banjo
Haben Sie etwas...?	¿Tiene usted algo...?	tjennee usstedd algo
Besseres	mejor	mechor
Billigeres	más barato	mass baratto
Größeres	más grande	mass grandee
Ruhigeres	más tranquilo	mass trankillo
Haben Sie ein Zimmer mit besserer Aussicht?	¿Tiene usted una habitación con una vista mejor?	tjennee usstedd unna abitaθjonn konn unna bissta mechor

Anmeldung *Inscripción*

Bei der Ankunft in einem Hotel oder einer Pension wird man Sie bitten, einen Anmeldeschein (*una ficha* – **u**nna **fi**tscha) auszufüllen.

Apellido/Nombre	Name/Vorname
Domicilio/Calle/N°	Wohnort/Straße/Nummer
Nacionalidad/Profesión	Nationalität/Beruf
Fecha/Lugar de nacimiento	Geburtsdatum/-ort
Número de pasaporte	Paßnummer
Lugar/Fecha	Ort/Datum
Firma	Unterschrift

Was bedeutet das?	¿Qué quiere decir esto?	ke kjeree deθir essto

¿Me deja ver su pasaporte?	Kann ich Ihren Paß sehen?	
¿Quiere llenar esta ficha de inscripción?	Würden Sie bitte den Anmeldeschein ausfüllen?	
Firme aquí, por favor.	Unterschreiben Sie hier, bitte.	
¿Cuánto tiempo va a quedarse?	Wie lange bleiben Sie?	

Allgemeine Fragen   *Peticiones generales*

Welche Zimmernummer habe ich?	¿Cuál es el número de mi habitación?	k^{u}all ess ell nummero de mi abitaθjonn
Würden Sie bitte unser Gepäck hinaufbringen lassen?	¿Puede encargarse de que suban nuestro equipaje?	p^{u}eddee enkargarssee de ke ssubban n^{u}esstro ekipachee
Wo kann ich meinen Wagen parken?	¿Dónde puedo aparcar mi coche?	dondee p^{u}eddo aparkar mi kotschee
Gibt es eine Hotelgarage?	¿Tiene garaje el hotel?	tjennee garachee ell otell
Ich möchte dies in Ihrem Safe lassen.	Quisiera dejar esto en su caja fuerte.	kissjera dechar essto enn ssu kacha f^{u}ertee
Kann ich bitte den Schlüssel haben?	¿Puede darme la llave, por favor?	p^{u}eddee darmee la ljabbee por fabor
Zimmer 123.	Mi habitación es el número 123.	mi abitaθjonn ess ell nummero 123
Können Sie mich bitte um... Uhr wecken?	¿Puede despertarme a las..., por favor?	p^{u}eddee desspertarmee a lass... por fabor
Wann wird das Frühstück serviert?	¿A qué hora sirven el desayuno?	a ke ora ssirben ell dessajunno
Können wir in unserem Zimmer frühstücken?	¿Podemos desayunar en nuestra habitación?	podemmoss dessajunar enn n^{u}esstra abitaθjonn
Gibt es ein Bad auf dieser Etage?	¿Hay baño en este piso?	ai banjo enn esstee pisso
Welche Stromspannung haben Sie hier?	¿Cuál es el voltaje aquí?	k^{u}all ess ell boltachee aki

UHRZEIT, Seite 155/FRÜHSTÜCK, Seite 38

Kann ich... haben?	¿Me puede dar...?	me p^{u}eddee dar
Aschenbecher	un cenicero	unn θeniθero
Badetuch	una toalla de baño	unna toalja de banjo
Briefpapier	papel de cartas	papell de kartass
Briefumschläge	unos sobres	unnoss ssobress
extra Decke	otra manta	otra manta
Eiswürfel	cubitos de hielo	kubittoss de jello
Handtuch	una toalla	unna toalja
extra Kopfkissen	otra almohada	otra almoadda
Leselampe	una lámpara	unna lampara
Nadel und Faden	una aguja e hilo	unna agucha e illo
Schreibpapier	papel de escribir	papell de esskribir
Seife	jabón	chabonn
Wärmflasche	una bolsa de agua caliente	unna bolssa de agg^{u}a kaljentee
Wo ist...?	¿Dónde está/están...?	dondee essta/esstann
Badezimmer	el cuarto de baño	ell k^{u}arto de banjo
Fahrstuhl	el ascensor	ell assθenssor
Friseur	la peluquería	la pelukeria
Notausgang	la salida de emergencia	la ssalidda de emerchenθja
Speisesaal	el comedor	ell komedor
Telefon	el teléfono	ell teleffono
Toilette	los servicios	loss sserbiθjoss
Könnten Sie mir... besorgen?	¿Podría procurarme...?	podria prokurarmee
Babysitter	una niñera	unna ninjera
Schreibmaschine	una máquina de escribir	unna makkina de esskribir
Sekretärin	una secretaria	unna ssekretarja

Hotelpersonal *Personal del hotel*

Direktor	el director	ell direktor
Empfangschef	el recepcionista	ell reθepθjonissta
Hausbursche	el mozo	ell moθo
Kellner	el camarero	ell kamarero
Kellnerin	la camarera	la kamarera
Portier	el conserje	ell konsserchee
Telefonistin	la telefonista	la telefonissta
Zimmermädchen	la camarera de piso	la kamarera de pisso

Telefon – Post *Teléfono – Correo*

Können Sie mich mit ... 123-45-67 verbinden?	**¿Puede comunicarme con el número 123-45-67?**	p^ueddee komunikarmee konn ell nummero 123-45-67
Haben Sie Briefmarken?	**¿Tiene usted sellos?**	tjennee usstedd sseljoss
Würden Sie das bitte für mich aufgeben?	**Por favor, ¿mandaría usted esto por correo?**	por fabor mandaria usstedd essto por korreo
Ist Post für mich da?	**¿Hay correo para mí?**	ai korreo para mi
Hat jemand eine Nachricht für mich hinterlassen?	**¿Hay algún recado para mí?**	ai algunn rekaddo para mi
Wie hoch ist meine Telefonrechnung?	**¿Cuánto debo de llamadas telefónicas?**	k^uuanto debbo de ljamaddass telefonnikass

Schwierigkeiten *Dificultades*

... funktioniert nicht.	**... no funciona.**	no funθjonna
Dusche	**la ducha**	la dutscha
Fernsehapparat	**el televisor**	ell telebissor
Heizung	**la calefacción**	la kalefakθjonn
Klimaanlage	**el acondicionador de aire**	ell akondiθjonador de airee
Licht	**la luz**	la luθ
Radio	**la radio**	la raddjo
Der Wasserhahn tropft.	**El grifo está goteando.**	ell griffo essta goteando
Es kommt kein warmes Wasser.	**No hay agua caliente.**	no ai agg^ua kaljentee
Das Waschbecken ist verstopft.	**El lavabo está atascado.**	ell lababbo essta atasskaddo
Das Fenster/Die Tür klemmt.	**La ventana/La puerta está atrancada.**	la bentanna/la p^uerta essta atrankadda
Die Birne ist durchgebrannt.	**La bombilla está fundida.**	la bombilja essta fundidda
Mein Zimmer ist nicht gemacht.	**Mi habitación no ha sido arreglada.**	mi abitaθjonn no a ssiddo arregladda

POST UND TELEFON, Seite 132

... ist kaputt.	... está roto (rota).	essta rotto (rotta)
Fensterladen	el postigo	ell posstiggo
Lampe	la lámpara	la lampara
Rolladen	la persiana	la perssjanna
Schalter	el interruptor	ell interruptor
Steckdose	el enchufe	ell entschuffee
Stecker	el enchufe	ell entschuffee
Vorhang	la cortina	la kortinna
Können Sie es reparieren lassen?	¿Puede usted arreglarlo(la)?	p^ueddee usstedd arreglarlo(la)

Wäscherei – Chemische Reinigung *Lavandería – Tintorería*

Ich möchte diese Kleider... lassen.	Quisiera que... esta ropa.	kissjera ke... essta roppa
bügeln	planchen	plantschen
reinigen	limpien	limpjen
waschen	laven	labben
Wann sind sie fertig?	¿Cuándo estará lista?	k^uando esstara lissta
Ich brauche sie...	La necesito...	la neθessitto
heute	hoy	oi
heute abend	esta noche	essta notschee
morgen	mañana	manjanna
vor Freitag	antes del viernes	antess dell bjerness
so bald wie möglich	lo antes posible	lo antess possiblee
Können Sie das flicken/nähen?	¿Puede usted remendar/coser esto?	p^ueddee usstedd remendar/kosser essto
Können Sie diesen Knopf annähen?	¿Puede usted coser este botón?	p^ueddee usstedd kosser esstee botonn
Können Sie diesen Fleck entfernen?	¿Puede usted quitar esta mancha?	p^ueddee usstedd kitar essta mantscha
Können Sie dies kunststopfen?	¿Puede zurcir esto?	p^ueddee θurθir essto
Ist meine Wäsche fertig?	¿Está lista mi ropa?	essta lissta mi roppa
Das gehört nicht mir.	Esto no es mío.	essto no ess mio
Es fehlt etwas.	Falta una prenda.	falta unna prenda
Da ist ein Loch drin.	Hay un hoyo aquí.	ai unn ojo aki

WOCHENTAGE, Seite 153

Friseur – Kosmetiksalon *Peluquería – Salón de belleza*

Deutsch	Español	Aussprache
Gibt es im Hotel einen Friseur/Schönheitssalon?	¿Hay una peluquería/un salón de belleza en el hotel?	ai unna pelukeria/unn salonn de beljeθa enn ell otell
Kann ich mich für Donnerstag anmelden?	¿Puedo pedir hora para el jueves?	p^{u}eddo pedir ora para ell ch^{u}ebbess
Waschen und Legen, bitte.	Lavado y marcado, por favor.	labaddo i markaddo por fabor
Haare schneiden, bitte.	Un corte de pelo, por favor.	unn kortee de pello por fabor
Aufhellung	un aclarado	unn aklaraddo
Dauerwelle	una permanente	unna permanentee
Farbspülung	unos reflejos	unnoss reflechoss
Färben	un tinte	unn tintee
Fönen/Brushing	un modelado	unn modeladdo
Gesichtsmaske	una mascarilla	unna masskarilja
Haarfestiger	un fijador	unn fichador
Frisur	un peinado	unn päinaddo
Maniküre	una manicura	unna manikura
mit Ponyfransen	con flequillo	konn flekiljo
Den Scheitel links/rechts/in der Mitte.	La raya a la izquierda/derecha/en medio.	la raja a la iθkjerda/deretscha/enn meddjo
Ich möchte ein Haarwaschmittel für... Haar.	Quisiera un champú para cabello...	kissjera unn tschampu para kabeljo
normales/trockenes/fettiges	normal/seco/graso	normall/ssekko/grasso
Haben Sie eine Farbtabelle?	¿Tiene usted un muestrario?	tjennee usstedd unn m^{u}esstrarjo
Nicht zu kurz, bitte.	No me lo corte mucho.	no me lo kortee mutscho
Ein bißchen kürzer...	Un poco más...	unn pokko mass
hinten	por detrás	por detrass
oben	arriba	arribba
im Nacken	en el cuello	enn ell k^{u}eljo
an den Seiten	en los lados	enn loss laddoss
Kein Haarspray, bitte.	Por favor, no ponga laca.	por fabor no ponga lakka

WOCHENTAGE, Seite 153

Rasieren, bitte.	**Quisiera que me afeite.**	kissjera ke me afejtee
Stutzen Sie mir bitte...	**Por favor, recórteme...**	por fabor rekortemee
den Bart	**la barba**	la barba
die Koteletten	**las patillas**	lass patiljass
den Schnurrbart	**el bigote**	ell bigottee
Ich möchte ein Haarwasser.	**Quisiera una loción capilar.**	kissjera unna loθjonn kapilar

Abreise *Al marcharse*

Kann ich bitte meine Rechnung haben?	**Por favor, ¿puede darme mi cuenta?**	por fabor p^{u}eddee darmee mi k^{u}enta
Ich reise morgen früh ab.	**Me marcharé por la mañana, temprano.**	me martschare por la manjanna tempranno
Machen Sie bitte meine Rechnung fertig.	**Por favor, tenga mi cuenta preparada.**	por fabor tenga mi k^{u}enta preparadda
Wir reisen gegen Mittag ab.	**Nos marcharemos alrededor de mediodía.**	noss martscharemmoss alrededor de medjodia
Ich muß sofort abreisen.	**Debo marcharme ahora mismo.**	debbo martscharmee aora mismo
Ist alles inbegriffen?	**¿Está todo incluido?**	essta toddo inkl^{u}iddo
Kann ich mit Kreditkarte bezahlen?	**¿Acepta tarjetas de crédito?**	aθepta tarchettass de kreddito
Ich glaube, Sie haben sich verrechnet.	**Creo que se ha equivocado usted en esta cuenta.**	kreo ke sse a ekibokaddo usstedd enn essta k^{u}enta
Können Sie uns ein Taxi bestellen?	**¿Quiere llamar un taxi, por favor?**	kjeree ljamar unn taxi por fabor
Könnten Sie unser Gepäck herunterbringen lassen?	**¿Puede ordenar que bajen nuestro equipaje?**	p^{u}eddee ordenar ke bachen n^{u}estro ekipachee
Hier ist meine Nachsendeadresse.	**Remita mis cartas a esta dirección.**	remitta miss kartass a essta direkθjonn
Es war ein sehr angenehmer Aufenthalt.	**Ha sido una estancia muy agradable.**	a ssiddo unna esstanθja muj agradablee

TRINKGELD, 3. Umschlagseite

Camping *Camping*

Ein vollständiges Verzeichnis der Campingplätze erhalten Sie bei allen Vertretungen des offiziellen spanischen Fremdenverkehrsamtes.

Gibt es in der Nähe einen Campingplatz?	¿Hay algún camping cerca de aquí?	ai algunn kampin θerka de aki
Können wir hier zelten?	¿Podemos acampar aquí?	podemmoss akampar aki
Haben Sie Platz für ein Zelt/einen Wohnwagen?	¿Tiene sitio para una tienda/caravana?	tjennee ssittjo para unna tjenda/karabanna
Was kostet es...?	¿Cuál es el precio...?	k^uall ess ell preθjo
pro Tag	por día	por dia
pro Person	por persona	por perssonna
für ein Auto	por coche	por kotschee
für ein Zelt	por tienda	por tjenda
für einen Wohnwagen	por caravana	por karabanna
Ist die Kurtaxe inbegriffen?	¿Está incluido el impuesto para turistas?	esstá inkl^uiddo ell imp^uessto para turisstass
Gibt es...?	Hay...?	ai
Einkaufsmöglichkeiten	tiendas	tjendass
Restaurant	un restaurante	unn resstaurantee
Schwimmbad	una piscina	unna pissθinna
Spielplatz	un campo de juego	unn kampo de ch^ueggo
Stromanschluß	electricidad	elektriθidadd
Trinkwasser	agua potable	agg^ua potablee
Wo sind die Duschen/Toiletten?	¿Dónde están las duchas/los servicios?	dondee esstann lass dutschass/loss sserbiθjoss
Wo bekomme ich Butangas?	¿Dónde puedo conseguir gas butano?	dondee p^ueddo konssegir gass butanno
Kann man Bungalows mieten?	¿Se pueden alquilar bungalows?	sse p^uedden alkilar bungalloss

PROHIBIDO ACAMPAR
ZELTEN VERBOTEN

PROHIBIDO ACAMPAR CON CARAVANA
KEINE WOHNWAGEN

CAMPINGAUSRÜSTUNG, Seite 117

Gaststätten

Albergue de carretera
(albergee de karretera)
Staatlich geführter Gasthof, meist an Hauptstraßen gelegen; gutes Essen in angenehmer Atmosphäre.

Bar
(bar)
Getränke und *tapas* (siehe S. 63).

Café
(kafe)
Wie überall am Mittelmeer gehören Bars und Cafés zum Straßenbild: man trinkt Kaffee, Limonade oder ein Glas Wein und pflegt Geselligkeit.

Cafetería
(kafeteria)
Imbißstube; Getränke, Schnellgerichte, Imbisse, Gebäck, oft an der Theke serviert.

Casa de comidas
(kassa de komiddass)
Einfache Gaststätte mit billigen Mahlzeiten.

Fonda
(fonda)
Typisch spanische Gaststätte.

Hostería
(ossteria)
Gaststätte, die häufig Spezialitäten der betreffenden Gegend anbietet.

Merendero
(merendero)
Land- oder Strandrestaurant.

Parador
(parador)
Staatlich geleitete Hotels bzw. Gaststätten, oft in alten, historischen Bauten wie Schlössern oder Klöstern untergebracht. Ein *parador* ist gewöhnlich bekannt wegen seiner vorzüglichen lokalen Gerichte, die in einem vornehmen spanisch eingerichteten Speisesaal serviert werden.

Pastelería/ Confitería
(passteleria/ konfiteria)
Konditorei, in der auch Kaffee, Tee und andere Getränke erhältlich sind.

Posada
(possadda)
Ähnlich der *fonda*; das Essen ist einfach, aber gut.

Refugio
(refuchjo)
Kleiner Gasthof in den Bergen; serviert einfache Speisen.

Restaurante (resstaur**an**tee)	Alle Restaurants in Spanien sind amtlich klassiert, und zwar durch Gabeln. Eine Gabel bedeutet die niedrigste Stufe, fünf die höchste. Die Einstufung richtet sich jedoch weniger nach der Qualität des Essens als nach dem Komfort des Lokals.
Salón de té (ssa**lonn** de te)	Teesalon; etwas exklusiv.
Taberna (ta**ber**na)	Einfaches Trinklokal, ähnlich dem französischen Bistro.
Tasca (**tass**ka)	Stehkneipe, ähnlich der *bar*; köstliche kleine Happen (*tapas*), dazu Wein oder Bier.

Essenszeiten   *Horas de comida*

Das Frühstück (*el desayuno* – ell dessa**ju**nno) wird im allgemeinen zwischen 7 und 10 Uhr eingenommen.

Das Mittagessen (*el almuerzo* – ell al**m^uer**θo) wird gewöhnlich zwischen 13 und 15 Uhr serviert.

Zum Abendessen (*la cena* – la **θe**nna) trifft man sich später als bei uns, ab 20 Uhr in den Touristengebieten, anderswo ab etwa 21 Uhr.

Eßgewohnheiten   *Costumbres de comida*

Das mediterrane Klima Spaniens bedingt, daß allgemein etwas später als bei uns gegessen wird. Auch der Brauch der Mittagsruhe – *la siesta* (meist von 13 bis 16 oder 17 Uhr) – rührt daher.

Zum Frühstück begnügen sich Einheimische mit einem Kaffee und vielleicht einem Hörnchen oder Gebäck. Ausgiebigere, warme Mahlzeiten sind das Mittag- und das Abendessen. Sie bestehen gewöhnlich aus drei Gängen: Vorspeise, Hauptspeise und Nachspeise oder Käse. Den typischen Abschluß bildet ein kleiner, starker Kaffee.

Wem die Zeit bis zum Nachtmahl zu lange erscheint, stärkt sich mit einer *merienda* (mer**jenn**da), einem leichten Imbiß.

Die spanische Küche *Cocina española*

Um den Reichtum und die Mannigfaltigkeit der spanischen Küche zu verstehen, muß man weit in der Geschichte zurückgehen. Die keltischen Volksstämme, die Galicien besiedelten, haben tierische Fette, wie z.B. Schweinefett, eingeführt. Die Römer brachten den Knoblauch und das Olivenöl mit, das bis heute die Basis der spanischen Küche ist. (Olivenöl ist übrigens nicht so schwer verdaulich, wie oft behauptet wird.) Als die arabischen Eroberer die Straße von Gibraltar überquerten, führten sie Zitronen, Apfelsinen, Safran, Datteln und Reis mit. Nach der Entdeckung Amerikas durch Columbus wurden in Spanien Kartoffeln, Chili- und Pfefferschoten sowie Kakao bekannt. Spaniens 5000 km Küstenlinie liefern außerdem zu allen Jahreszeiten atlantische und mediterrane Meeresfrüchte.

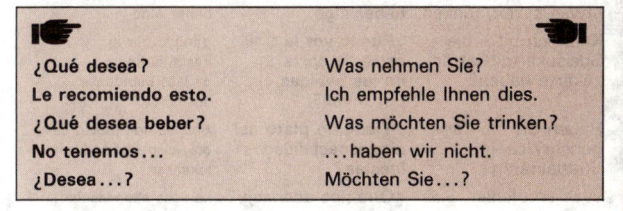

¿Qué desea?	Was nehmen Sie?
Le recomiendo esto.	Ich empfehle Ihnen dies.
¿Qué desea beber?	Was möchten Sie trinken?
No tenemos...	...haben wir nicht.
¿Desea...?	Möchten Sie...?

Hungrig? *¿Tiene hambre?*

Ich habe Hunger/ Durst.	**Tengo hambre/ sed.**	tengo ambree/ ssedd
Können Sie uns/mir ein gutes Restaurant empfehlen?	**¿Puede recomendarnos/recomendarme un buen restaurante?**	pueddee rekomendarnoss/rekomendarmee unn buenn resstaurantee
Gibt es in der Nähe ein preiswertes Restaurant?	**¿Hay un restaurante barato cerca de aquí?**	ai unn resstaurantee baratto θerka de aki

Wenn Sie in einem bekannten Restaurant essen möchten, sollten Sie im voraus einen Tisch reservieren lassen.

Deutsch	Español	Aussprache
Reservieren Sie mir bitte einen Tisch für 4 Personen.	**Quisiera reservar una mesa para 4.**	kissjera resserbar unna messa para 4
Wir kommen um 8 Uhr.	**Llegaremos a las 8.**	ljegaremmoss a lass 8
Können wir einen Tisch... haben?	**¿Puede darnos una mesa...?**	pᵘeddee darnoss unna messa
in der Ecke	**en el rincón**	enn ell rinkonn
im Freien	**afuera**	afᵘera
auf der Terrasse	**en la terraza**	enn la terraθa
in der Nichtraucherecke	**en la sección de no fumadores**	enn la ssekθjonn de no fumadoress

Fragen und Bestellen *Preguntar y pedir*

Herr Ober/ Fräulein, bitte!	**¡Camarero/Camarera, por favor!**	kamarero/kamarera por fabor
Ich möchte gerne etwas essen/trinken.	**Quisiera comer/ beber algo.**	kissjera komer/ beber algo
Kann ich bitte die Speisekarte/Getränkekarte haben?	**¿Puedo ver la carta/la carta de las bebidas, por favor?**	pᵘeddo ber la karta/la karta de lass bebiddass por fabor
Haben Sie ein Tagesgericht/lokale Spezialitäten?	**¿Tiene un plato del día/especialidades locales?**	tjenee unn platto dell dia/esspeθjalidaddess lokaless
Was empfehlen Sie uns?	**¿Qué nos aconseja?**	ke noss akonssecha
Was ist das?	**¿Qué es esto?**	ke ess essto
Haben Sie vegetarische Gerichte?	**¿Tiene usted platos vegetarianos?**	tjenee usstedd plattoss bechetarjannoss
Ich habe es eilig. Können Sie mich sofort bedienen?	**Tengo prisa. ¿Puede servirme ahora mismo?**	tengo prissa pᵘeddee sserbirmee aora mismo
Können wir einen Teller für das Kind haben?	**¿Puede darnos un plato para el niño, por favor?**	pᵘeddee darnoss unn platto para ell ninjo por fabor
Können wir bitte... haben?	**¿Puede darnos..., por favor?**	pᵘeddee darnoss... por fabor
Aschenbecher	**un cenicero**	unn θeniθero
Gabel	**un tenedor**	unn tenedor

Glas	**un vaso**	unn basso
Löffel	**una cuchara**	unna kutschara
Messer	**un cuchillo**	unn kutschiljo
Serviette	**una servilleta**	unna sserbiljetta
Tasse	**una taza**	unna taθa
Trinkhalm	**una paja**	unna pacha
Ich möchte...	**Quisiera...**	kissjera
Brot	**pan**	pann
Butter	**mantequilla**	mantekilja
Essig	**vinagre**	binagree
Öl	**aceite**	aθejttee
Pfeffer	**pimienta**	pimjenta
Salz	**sal**	ssall
Würze	**condimentos**	kondimentoss
Zucker	**azúcar**	aθukkar
Kann ich noch ein bißchen... haben?	**¿Podría darme más..., por favor?**	podria darmee mass... por fabor
Nur eine kleine Portion.	**Sólo una porción pequeña.**	ssollo unna porθjonn pekenja
Nichts mehr, danke.	**Nada más, gracias.**	nadda mass graθjass

Diät *Dieta*

Ich muß Diät halten.	**Tengo que guardar dieta.**	tengo ke gᵘardar djetta
Ich darf nichts essen, was... enthält.	**No debo comer alimentos que contengan...**	no debbo komer alimentoss ke kontengan
Alkohol	**alcohol**	alkooll
Fett/Mehl	**grasa/harina**	grassa/arinna
Salz/Zucker	**sal/azúcar**	ssall/aθukkar
Haben Sie... für Diabetiker?	**¿Tiene... para diabéticos?**	tjennee... para djabettikoss
Fruchtsaft	**zumo de fruta**	θummo de frutta
Kuchen	**pasteles**	passtelless
Spezialmenü	**un menú especial**	unn menu esspeθjall
Könnte ich statt der Süßspeise... haben?	**¿Podría tomar... en lugar del postre?**	podria tomar... enn lugar dell posstree
Kann ich bitte Süßstoff haben?	**¿Puede darme un edulcorante?**	pᵘeddee darmee unn edulkorantee

Frühstück *Desayuno*

Das spanische Frühstück besteht gewöhnlich aus *café con leche* (halb Kaffee, halb heiße Milch), *pan* (Brot) oder *panecillos* (Brötchen) und *mermelada* (Marmelade). Die meisten Hotels servieren auf Wunsch ein großes Frühstück (*el desayuno completo*) mit Fruchtsaft, Ei, Toast und Kaffee.

Ich möchte frühstücken.	**Quisiera desayunar, por favor.**	kissjera dessajunar por fabor
Ich hätte gern...	**Quisiera...**	kissjera
Kaffee	**café**	kafe
mit Milch	**con leche**	konn letschee
mit Sahne	**con crema**	konn kremma
koffeinfrei	**descafeinado**	desskafeinaddo
schwarz	**solo**	ssolo
Milch	**leche**	letschee
heiße/kalte	**caliente/fría**	kaljentee/fria
Orangensaft	**zumo de naranja**	θummo de narancha
(heiße) Schokolade	**chocolate (caliente)**	tschokolattee (kaljentee)
Tee	**té**	te
mit Milch/Zitrone	**con leche/limón**	konn letschee/limonn
Kann ich bitte... haben?	**¿Podría darme..., por favor?**	podria darmee por fabor
Brot	**pan**	pann
Brötchen	**panecillos**	paneθiljoss
Butter	**mantequilla**	mantekilja
Ei	**huevo**	ᵘebbo
hart/weich	**duro/pasado por agua**	duro/passaddo por aggᵘa
Getreideflocken	**cereales**	θerealess
Honig	**miel**	mjell
Hörnchen	**croisantes**	krᵘassantess
Käse	**queso**	kesso
Knäckebrot	**pan crujiente**	pann kruchjentee
Marmelade	**mermelada**	mermeladda
Semmeln	**panecillos**	paneθiljoss
Toast	**pan tostado**	pann tosstaddo
Bringen Sie mir bitte...	**¿Podría traerme..., por favor?**	podria traermee... por fabor
Glas Wasser	**un vaso de agua**	unn basso de aggᵘa
Süßstoff	**edulcorante**	edulkorantee
Zucker	**azúcar**	aθukkar

Was steht auf der Speisekarte? ¿Qué hay en el menú?

Unsere Speisekarte ist nach Gängen eingeteilt. Unter jeder Überschrift finden Sie eine alphabetisch geordnete Liste der Gerichte auf spanisch mit der deutschen Übersetzung. Wenn Sie zum Beispiel Gemüse bestellen wollen, können Sie dem Kellner auch die betreffende Liste zeigen, und er wird Ihnen sagen, was erhältlich ist. Allgemeine Redewendungen finden Sie auf den Seiten 36 und 37.

	Seite	
Vorspeisen	41	**Entremeses**
Salate	43	**Ensaladas**
Suppen	43	**Sopas**
Omeletts und andere Eierspeisen	44	**Tortillas y platos a base de huevo**
Paella	45	**Paella**
Fisch und Meeresfrüchte	45	**Pescados y mariscos**
Fleisch	47	**Carnes**
Geflügel und Wild	48	**Aves y caza**
Soßen	49	**Salsas**
Gemüse	50	**Verduras**
Gewürze und Kräuter	51	**Condimentos y hierbas finas**
Käse	52	**Quesos**
Obst	53	**Frutas**
Nachtisch	54	**Postres**
Getränke		**Bebidas**
Aperitifs	55	**Aperitivos**
Wein	56	**Vino**
Sangria	58	**Sangría**
Bier	59	**Cerveza**
Spirituosen und Liköre	59	**Licores**
Alkoholfreie Getränke	60	**Bebidas sin alcohol**
Imbisse – Picknick	63	**Tentempiés – Meriendas**

GASTSTÄTTEN

Die Speisekarte lesen *Leyendo la carta*

Especialidades de la casa	Spezialitäten des Hauses
Especialidades locales	Lokale Spezialitäten
Plato del día	Tagesgericht
Platos fríos	Kalte Gerichte
Platos típicos	Spezialitäten
Recomendamos	Wir empfehlen
Suplemento sobre...	Zuschlag auf...

Comidas y bebidas

agua mineral	agg^{u}a minerall	Mineralwasser
aperitivos	aperitibboss	Aperitifs
arroz	arroθ	Reis
asados	assaddoss	Braten
aves	abbess	Geflügel
bebidas	bebiddass	Getränke
carnes	karness	Fleisch
caza	kaθa	Wild
cerveza	θerbeθa	Bier
entremeses	entremessess	Vorspeisen
ensaladas	enssaladdass	Salate
frutas	fruttass	Obst
granizados	graniθaddoss	Getränke mit zerstoßenem Eis
helados	eladdoss	Speiseeis
huevos	^{u}ebboss	Eier
jugo	chuggo	Saft
legumbres	legumbress	Gemüse
mariscos	marisskoss	Meeresfrüchte
parrilladas	parriljaddass	Grillplatte
pastas	passtass	Teigwaren
pastelería	passteleria	Gebäck
patatas	patattass	Kartoffeln
pescados	pesskaddoss	Fisch
postres	posstress	Nachtisch
quesos	kessoss	Käse
refrescos	refresskoss	Erfrischungsgetränke
sopas	ssoppass	Suppen
verduras	berdurass	Gemüse
vinos	binnoss	Wein
zumo	θummo	Saft

Vorspeisen *Entremeses*

Vor einer größeren Mahlzeit ist es empfehlenswert, nur eine kleinere Zahl der vielfältigen *tapas* (siehe Seite 63) beim Aperitif zu probieren.

Ich hätte gern eine Vorspeise.	**Quisiera unos entremeses.**	kissjera unnoss entremessess
Was empfehlen Sie mir?	**¿Qué me aconseja?**	ke me akonssecha

aceitunas (rellenas)	aθejtunnass (reljennass)	(gefüllte) Oliven
aguacate	ag^uakattee	Avocado
alcachofas	alkatschoffass	Artischocken
almejas	almechass	Venusmuscheln
a la marinera	a la marinera	mariniert
anchoas	antschoass	Sardellen
anguila ahumada	angilla aumadda	Räucheraal
arenque (ahumado)	arenkee (aumaddo)	(Räucher-)Hering
atún	atunn	Thunfisch
cabeza	kabeθa	Kopf
de cordero	de kordero	Lamms-
de ternera	de ternera	Kalbs-
calamares	kalamaress	Kalmare
a la romana	a la romanna	fritiert
callos	kaljoss	Kaldaunen, Kutteln (oft in Pimentsoße)
caracoles	karakolless	Schnecken
carne de cangrejo	karnee de kangrecho	Krabbenfleisch
champiñones	tschampinjonness	Champignons
chorizo	tschoriθo	stark gewürzte Schweinswurst
cigalas	θigallass	Kaisergranat
ensalada española	enssaladda esspanjolla	Endiviensalat mit Tomaten, Oliven und Eiern
entremeses variados	entremessess barjaddoss	gemischte Vorspeisen
(puntas de) espárragos	(puntass de) essparragoss	Spargel(spitzen)
fiambres	fjambress	Fleischaufschnitt
gambas	gambass	Garnelen
al ajillo	all achiljo	mit Knoblauch
a la plancha	a la plantscha	gegrillt
higadillos de pollo	igadiljoss de poljo	Hühnerleber

huevos duros	ᵘebboss duross	hartgekochte Eier
jamón	chamonn	Schinken
en dulce	enn dulθee	in Weißwein gekocht
serrano	sserranno	gepökelt und geräuchert
langosta	langossta	Languste
langostinos	langosstinnoss	Langustinen
mejillones	mechiljonness	Miesmuscheln
melón	melonn	Melone
ostras	osstrass	Austern
palitos de queso	palittoss de kesso	Käsestangen
pepinillos	pepiniljoss	Gewürzgurken
percebes	perθebbess	Muschelart
pimiento	pimjento	Paprikaschote
quisquillas	kisskiljass	Garnelen
rabanitos	rabanittoss	Radieschen
rábanos	rabbanoss	Rettich
salchichón	ssaltschitschonn	(Salami-)Wurst
salmón (ahumado)	ssalmonn (aumaddo)	(Räucher-)Lachs
sardinas	ssardinnass	Sardinen
zumo de fruta	θummo de frutta	Fruchtsaft
naranja/piña	narancha/pinja	Orange/Ananas
pomelo/tomate	pomello/tomattee	Pampelmuse/Tomate

Wenn Sie einmal Lust auf etwas ganz Besonderes haben, sollten Sie folgende Spezialitäten kosten:

albóndigas
(albondigass)
gewürzte Fleisch- oder Fischklößchen

banderillas
(banderiljass)
ähnlich den *palitos*, aber mit Gewürzgurken

buñuelitos
(bunjᵘelittoss)
kleine Schinken-, Muschel- oder Fischkrapfen

empanadillas
(empanadiljass)
mit gut gewürztem Fleisch oder Fisch gefüllte Pastetchen

palitos
(palittoss)
Spießchen mit Schinken, Käse, Räucheraal oder Leberpastete

pinchos, pinchitos
(pintschoss
pintschittoss)
Grillspießchen mit Nieren und Pilzen

tarteletas
(tartelettass)
kleine offene Törtchen mit allen möglichen Füllungen

Salate *Ensaladas*

Was für Salate haben Sie?	¿Qué clase de ensaladas tienen?	ke klassee de enssaladdass tjennen
Können Sie uns eine lokale Spezialität empfehlen?	¿Puede aconsejarnos una especialidad local?	p^ueddee akonssecharnoss unna esspeθjalidadd lokall

ensalada	enssaladda	Salat
de gambas	de gambass	Garnelen-
de lechuga	de letschugga	grüner
mixta	mixta	gemischter
de patata	de patatta	Kartoffel-
de pepino	de pepinno	Gurken-
del tiempo	dell tjempo	der Saison
de tomate	de tomattee	Tomaten-
valenciana	balenθjanna	mit grünem Pfeffer, Salat und Orangen

Suppen *Sopas*

Suppen gehören in Spanien zu den beliebtesten Vorspeisen. Eine wohlschmeckende *sopa de ajo* oder als Hauptgericht eine reichhaltige *sopa de mariscos* sollten Sie unbedingt einmal probieren – oder auch eine andere der hier aufgeführten Suppen:

consomé	konssome	Kraftbrühe
al jerez	all chereθ	mit Sherry
crema	kremma	Cremesuppe
de espárragos	de essparragoss	Spargel-
sopa	ssoppa	Suppe
de ajo	de acho	Knoblauch-
de arroz	de arroθ	Reis-
de cangrejos	de kangrechoss	Krabben-
de cebolla	de θebolja	Zwiebel-
de cocido	de koθiddo	Fleischeintopf
de fideos	de fideeoss	Nudel-
Juliana	chuljanna	mit feingeschnittenem Gemüse
de mariscos	de marisskoss	aus Meeresfrüchten
de patatas	de patattass	Kartoffel-
de pescado	de pesskaddo	Fisch-
de tomate	de tomattee	Tomaten-
de verduras	de berdurass	Gemüse-

caldo gallego (k**a**ldo galj**e**ggo)		galicischer Eintopf aus Grünzeug, Brechbohnen und Fleisch
gazpacho (gaθp**a**tscho)		eine kalte Suppe mit Gurken, Tomaten, grünem Pfeffer, Brot, Zwiebeln und Knoblauch

Omeletts *Tortillas*

Eier werden in der spanischen Küche gern und oft verwendet. Das spanische Omelett (*la tortilla*) mit allen möglichen Fisch-, Fleisch- oder Gemüsezutaten ist ein nahrhaftes und preiswertes Gericht.

tortilla	tortilja	Omelett
(a la) española	(a la) esspanj**o**lla	mit Zwiebeln und Kartoffeln
de alcachofa	de alkatsch**o**ffa	mit Artischocken
de cebolla	de θeb**o**lja	mit Zwiebeln
de espárragos	de essparr**a**goss	mit Spargel
(a la) francesa	(a la) franθ**e**ssa	natur (ohne Füllung)
gallega	galj**e**gga	mit Kartoffeln, Schinken, roten Paprikaschoten und Erbsen
de jamón	de cham**o**nn	mit Schinken
paisana	paiss**a**nna	mit gemischten Gemüsen
de patatas	de pat**a**ttass	mit Kartoffeln
de queso	de k**e**sso	mit Käse
al ron	all ronn	mit Rum
de setas	de ss**e**ttass	mit Pilzen

...und andere Eiergerichte:

huevos a la flamenca (**u**ebboss a la flam**e**nka)	Spiegeleier mit Schinken, Spargel, Erbsen, Paprikaschoten, Tomaten und Zwiebeln
huevos al nido (**u**ebboss all n**i**ddo)	»Eier im Nest«: Eigelb in kleinen, weichen Brötchen gebraten und mit dem Eiweiß bedeckt
huevos al trote (**u**ebboss all tr**o**ttee)	hartgekochte, mit Thunfisch und Mayonnaise gefüllte Eier
huevos revueltos al pisto (**u**ebboss reb**u**eltoss all p**i**ssto)	Rührei mit gemischten Gemüsen

Paella

Paella, den berühmten spanischen Reiseintopf aus Valencia, sollten Sie während Ihres Urlaubs wenigstens einmal probieren! Seinen Namen verdankt das Gericht der schwarzen Eisenpfanne, in der Safranreis gekocht wird. Die Zutaten variieren. Meist sind es Meeresfrüchte, Fisch oder Fleisch und verschiedene Gemüse.

Die Spanier essen *paella* nur mittags; sie wird immer frisch auf Bestellung gemacht und braucht ihre dreißig Minuten Zubereitungszeit.

catalana (katalanna)	mit Würsten, Schweinefleisch, Kalmaren, roten Paprikaschoten, Erbsen und Tomaten
marinera (marinera)	mit Fisch- und Schalentieren
(a la) valenciana ((a la) balenθjanna)	die klassische *paella*: mit Hühnerfleisch, Schweinefleisch, Schinken, Garnelen, Muscheln, Tomaten, Paprikaschoten und Knoblauch
zamorana (θamoranna)	mit Schinken, Schweinelendchen, Schweinefüßchen und Chilipfeffer

Fisch und Meeresfrüchte *Pescado y mariscos*

Versäumen Sie nicht die Gelegenheit, in den Küstenregionen eine lokale Fischspezialität oder Meeresfrucht zu kosten.

Ich hätte gern Fisch.	**Quisiera pescado.**	kissjera pesskaddo
Was für Meeresfrüchte haben Sie?	**¿Qué tipo de mariscos tiene usted?**	ke tippo de marisskoss tjennee usstedd
almejas	almechass	Venusmuscheln
arenque	arenkee	Hering
atún	atunn	Thunfisch
bacalao	bakalao	Kabeljau
besugo	bessuggo	Meerbrasse
bogavante	bogabantee	Hummer
bonito	bonitto	makrelenartiger Thunfisch
boquerones	bokeronness	Sardellenart

caballa	kabalja	Makrelenart
calamares	kalamaress	Kalmare
cangrejo	kangrecho	Krabbe, Flußkrebs
chipirones	tschipironnss	kleine Tintenfische
cigalas	θigallass	Kaisergranat
congrio	kongrjo	Meeraal
escarcho	esskartscho	Knurrhahn
lamprea	lamprea	Lamprete
langosta	langossta	Languste
langostinos	langosstinnoss	Langustinen
lenguado	leng^uaddo	Seezunge
lucio	luθjo	Hecht
merluza	merluθa	Seehecht
mero	mero	Zackenbarsch
mújol	mucholl	Meerbarbe
perca	perka	(Fluß)barsch
percebes	perθebbess	Entenmuscheln
pescadilla	pesskadilja	Wittling
pez espada	peθ esspadda	Schwertfisch
pulpitos	pulpittoss	Tintenfischchen
pulpo	pulpo	Tintenfisch
quisquillas	kisskiljass	Garnelen
rape	rappee	Seeteufel
rodaballo	rodabaljo	Steinbutt
salmonetes	ssalmonettess	Rotbarben
sardinas	ssardinnass	Sardinen
pequeñas	pekeñjass	Sprotten
trucha	trutscha	Forelle
veneras	benerass	Jakobsmuscheln

Zarzuela (θarθ^uella) ist ein pikantes Fischschmorgericht aus verschiedenen Fischen und einer Spezialtunke – eine katalanische Köstlichkeit.

(leicht) angebraten	**salteado**	ssalteaddo
durch Backteig gezogen und fritiert	**a la romana**	a la romanna
gebraten/gebacken	**frito**	fritto
(im Ofen) gebraten	**al horno**	all orno
gedämpft	**cocido al vapor**	koθiddo all bapor
gegrillt	**a la parrilla**	a la parrilja
gekocht	**hervido**	erbiddo
gepökelt	**en salazón**	enn ssalaθonn
geräuchert	**ahumado**	aumaddo
mariniert	**en escabeche**	enn esskabetschee

Fleisch *Carne*

Fisch- und Reisgerichte dominieren zwar in der spanischen Küche, doch nimmt besonders Schweinefleisch einen nicht unbedeutenden Platz ein.

Ich hätte gern...	**Quisiera...**	kissjera
Kalbfleisch	**carne de ternera**	karnee de ternera
Lammfleisch	**carne de cordero**	karnee de kordero
Rindfleisch	**carne de buey**	karnee de b^{u}ej
Schweinefleisch	**carne de cerdo**	karnee de θerdo

biftec	biftekk	Beefsteak
cabrito	kabritto	Zicklein
carne picada	karnee pikadda	Hackfleisch
carnero	karnero	Schaf-, Hammelfleisch
chuletas	tschulettass	Koteletts, Rippchen
corazón	koraθonn	Herz
criadillas (de toro)	krjadiljass (de toro)	(Stier)Hoden
escalope de ternera	esskalopee de ternera	Kalbsschnitzel
filete	filettee	Filet
hígado	iggado	Leber
jamón	chamonn	Schinken
lechón	letschonn	Spanferkel
morcilla	morθilja	Blutwurst
paletilla	paletilja	Schulterblatt
patas	pattass	Hachsen
pierna	pjerna	Keule
rabo de buey	rabbo de b^{u}ej	Ochsenschwanz
riñones	rinjonness	Nieren
salchichas	ssaltschitschass	kleine Schweinebratwurst
sesos	ssessoss	Hirn, Bregen
solomillo	ssolomiljo	Filetsteak
tocino	toθinno	Speck

callos a la madrileña Kaldaunen in einer pikanten Soße mit
(kaljoss a la madrilenja) Suppengemüse, Tomaten und Schweinswurst

cochifrito de cordero pikantes Lammfleischragout
(kotschifritto de kordero)

cochinillo asado gebratenes Spanferkel (Kastilien)
(kotschiniljo assaddo)

empanada gallega Fleischpastete mit Zwiebeln und Paprikaschoten
(empanadda galjegga)

magras al estilo de Aragón (maggrass all esstillo de aragonn)	Rohschinken in Tomatensoße	
pimientos a la riojana (pimjentoss a la rjochanna)	gefüllte Paprikaschoten	
riñones al jerez (rinjonness all chereθ)	Nieren in Sherrysoße	

(im Ofen) gebraten	**al horno**	all orno
gebraten/gebacken	**frito**	fritto
gegrillt	**a la parrilla**	a la parrilja
gekocht	**hervido**	erbiddo
geschmort	**estofado**	esstofaddo
paniert	**empanado**	empanaddo
als Braten	**asado**	assaddo
als Ragout	**en salsa**	enn ssalssa
im (eigenen) Saft	**en su jugo**	enn ssu chuggo
fast roh	**poco hecho**	pokko etscho
halb durchgebraten	**regular**	regular
durchgebraten	**muy hecho**	muj etscho

Geflügel und Wild *Aves y carne de caza*

Hühnchen wird in Spanien auf verschiedene Arten zubereitet. Im Norden ist Kaninchen – manchmal sogar mit Schokolade – ein beliebtes Gericht.

Ich hätte gern Wild.	**Quisiera caza.**	kissjera kaθa
Was haben Sie an Geflügel?	**¿Qué tipo de ave tiene usted?**	ke tippo de abbee tjennee usstedd
becada	bekadda	Waldschnepfe
capón	kaponn	Kapaun
codorniz	kodorniθ	Wachtel
conejo	konecho	Kaninchen
conejo de monte	konecho de montee	Wildkaninchen
corzo	korθo	Reh
faisán	faissann	Fasan
gallina	galjinna	Huhn

ganso	gansso	Gans
higadillos de pollo	igadiljoss de poljo	Hühnerleber
jabalí	chabali	Wildschwein
lavanco	labanko	Wildente
liebre	ljebree	Hase
pato	patto	Ente
pavo	pabbo	Truthahn
perdiz	perdiθ	Rebhuhn
pichón	pitschonn	Täubchen
pollo	poljo	Hühnchen, Hähnchen
muslo de pollo	muslo de poljo	-Schenkel
pechuga de pollo	petschugga de poljo	-Brust
pollo asado	poljo assaddo	gebraten
pollo a la brasa	poljo a la brassa	gegrillt
venado	benaddo	Hirsch

conejo al ajillo in Öl und Knoblauch gekochtes Kaninchen
(konecho all achiljo)

menestra de pollo Hühner- und Gemüsesuppe
(menesstra de poljo)

perdices estofadas in Weißweinsoße geschmortes Rebhuhn
(perdiθess esstofaddass)

Soßen *Salsas*

Viele Fleisch-, Fisch- oder Gemüsegerichte werden mit einer pikanten leichten Soße verfeinert. Einige der bekanntesten Zubereitungsarten sind hier aufgeführt:

salsa allioli geschlagene Soße aus frischem Knoblauch
(ssalssa aljolli) und Olivenöl (Katalonien)

a la catalana mit Zwiebeln, Petersilie, Tomaten und
(a la katalanna) Kräutern

en escabeche süß-saure Soße
(enn esskabetschee)

salsa romesco Tomatensoße mit Mandeln und Knoblauch;
(ssalssa romessko) wird besonders häufig in der Provinz Tarragona serviert

a la vasca mit Petersilie, Erbsen und Knoblauch; eine
(a la basska) pikante grüne Fischsoße im Baskenland

Gemüse *Verduras*

Was für Gemüse empfehlen Sie mir?	¿Qué verduras me aconseja?	ke berdurass me akonssecha
Ich möchte lieber Salat.	**Prefiero una ensalada.**	prefjero unna enssaladda
achicoria	atschikorja	Chicorée
alcachofa	alkatschoffa	Artischocke
apio	appjo	Sellerie
berenjena	berenchenna	Aubergine
berza	berθa	Kohl
calabacín	kalabaθinn	Zucchini
cebolla	θebolja	Zwiebel
champiñones	tschampinjonness	Champignons
chirivías	tschiribiass	Pastinaken (karottenähnliche Wurzeln)
coles de Bruselas	kolless de brussellass	Rosenkohl
coliflor	koliflor	Blumenkohl
escarola	esskarolla	Endivie
espárragos	essparragoss	Spargel
espinacas	esspinakkass	Spinat
garbanzos	garbanθoss	Kichererbsen
guisantes	gissantess	Erbsen
habas	abbass	Saubohnen
hinojo	inocho	Fenchel
judías blancas	chudiass blankass	weiße Bohnen
judías verdes	chudiass berdess	grüne Bohnen
lechuga	letschugga	Lattich, Kopfsalat
lentejas	lentechass	Linsen
lombarda	lombarda	Rotkohl
macedonia de legumbres	maθedonja de legumbress	gemischtes Gemüse
maíz	maiθ	Mais
patatas	patattass	Kartoffeln
pepinillos	pepiniljoss	Gewürzgurken
pepino	pepinno	Gurke
pimientos morrones	pimjentoss morronness	rote Paprikaschoten
puerros	pᵘerross	Lauch
rábanos	rabbanoss	Rettich
remolacha	remolatscha	rote Rübe
repollo	repoljo	Weißkohl
setas	ssettass	Pilze
tomates	tomattess	Tomaten
trufas	truffass	Trüffel
zanahorias	θanaorjass	Karotten, Mohrrüben

Hier ist ein geschmackvolles Gemüsegericht, das Sie sicherlich mögen. Es paßt gut zu Brathähnchen oder anderen gegrillten Speisen:

pisto (pissto)	eine Art scharf gewürzter kalter Gemüseeintopf mit Paprikaschoten, Zwiebeln, Tomaten und Zucchini; in Katalonien nennt man es *samfaina* oder auch *frito de verduras*.	

Gewürze und Kräuter *Condimentos y hierbas finas*

Womit ist es gewürzt?	¿Con qué está condimentado?	konn ke esssta kondimentaddo
Ist es stark gewürzt?	¿Tiene muchas especias?	tjennee mutschass esspeθjass
ajo	acho	Knoblauch
albahaca	albaakka	Basilikum
alcaparras	alkaparrass	Kapern
anís	aniss	Anis
azafrán	aθafrann	Safran
berro	berro	Kresse
canela	kanella	Zimt
cebolleta	θeboljetta	Schnittlauch
clavo	klabbo	Gewürznelke
comino	kominno	Kümmel
eneldo	eneldo	Dill
estragón	esstragonn	Estragon
guindilla	gindilja	scharfer Pfeffer
hierbas finas	jerbass finnass	feingehackte Kräuter
hoja de laurel	ocha de laurell	Lorbeerblatt
jengibre	chenchibree	Ingwer
mejorana	mechoranna	Majoran
menta	menta	(Pfeffer-)Minze
mostaza	mosstaθa	Senf
nuez moscada	n^{u}eθ mosskadda	Muskatnuß
orégano	orreggano	Oregano
perejil	perechill	Petersilie
perifollo	perifoljo	Kerbel
pimentón	pimentonn	gemahlener Paprika
pimienta	pimjenta	Pfeffer
romero	romero	Rosmarin
sal	ssall	Salz
salvia	ssalbja	Salbei
tomillo	tomiljo	Thymian
vainilla	bainilja	Vanille

Käse *Queso*

In spanischen Restaurants finden Sie selten eine Käsetheke. Beschreiben Sie möglichst genau den gewünschten Käse, denn sonst gibt man Ihnen eine importierte Sorte. Einige bekannte spanische Käsearten sind hier aufgeführt:

Welche Käsesorten haben Sie?	¿Qué clases de queso tiene?	ke klassess de kesso tjennee
Ein Stück von diesem, bitte.	Un trozo de ése, por favor.	unn troθo de esse por fabor

burgos
(burgoss)
beliebter, sahniger Weichkäse aus der Gegend von Burgos.

cabrales
(kabralless)
dem Roquefort ähnelnder Ziegenkäse. Der Geschmack ist verschieden je nach der Berggegend, in der er hergestellt wird.

mahón
(maonn)
Ziegenkäse von Menorca auf den Balearen.

manchego
(mantscheggo)
harter, weißer oder goldgelber Schafkäse aus der Mancha. Er wird gepreßt und zum Reifen in *espartos* (Grasformen) gelegt, die ihr Muster auf der Rinde hinterlassen. Den besten Manchego soll es in Ciudad Real geben.

perilla
(perilja)
ein fester, milder Käse aus Kuhmilch; wird manchmal auch *teta* genannt.

requesón
(rekessonn)
Quark

roncal
(ronkall)
ein pikanter Hartkäse; einer der bekanntesten Käse aus Nordspanien

san simón
(ssann ssimonn)
ähnlich dem *perilla*

villalón
(biljalonn)
Schafskäse

hart	**duro**	duro
kräftig	**fuerte**	f^{u}ertee
mild	**suave**	ss^{u}abbee
reif	**añejo**	anjecho
sahnig	**cremoso**	kremosso
weich	**blando**	blando

Obst *Fruta*

Haben Sie frisches Obst?	¿Tiene fruta fresca?	tjennee frutta fresska
Ich hätte gern einen Fruchtsalat.	Quisiera una ensalada de fruta.	kissjera unna enssaladda de frutta
albaricoques	albarikokkess	Aprikosen
almendras	almendrass	Mandeln
arándanos	arandanoss	Heidelbeeren
avellanas	abeljannass	Haselnüsse
brevas	brebbass	blaue Feigen
cacahuetes	kaka^{u}ettess	Erdnüsse
castañas	kasstanjass	Kastanien
cerezas	θereθass	Kirschen
ciruelas	θir^{u}ellass	Pflaumen
ciruelas pasas	θir^{u}ellass passass	Backpflaumen
coco	kokko	Kokosnuß
dátiles	dattiless	Datteln
frambuesas	framb^{u}essass	Himbeeren
fresas	fressass	Erdbeeren
granadas	granaddass	Granatäpfel
grosellas	grosseljass	Johannisbeeren
negras	negrass	schwarze
rojas	rochass	rote
espinosas	esspinossass	Stachelbeeren
higos	iggoss	Feigen
lima	limma	Limone
limón	limonn	Zitrone
mandarina	mandarinna	Mandarine
manzana	manθanna	Apfel
melocotón	melokotonn	Pfirsich
melón	melonn	Melone
naranja	narancha	Orange
nueces	n^{u}eθess	Nüsse
nueces variadas	n^{u}eθess barjaddass	Nußmischung
pasas	passass	Rosinen
pera	pera	Birne
piña	pinja	Ananas
plátano	plattano	Banane
pomelo	pomello	Grapefruit
ruibarbo	r^{u}ibarbo	Rhabarber
sandía	ssandia	Wassermelone
uvas	ubbass	Weintrauben
blancas	blankass	weiße
negras	negrass	blaue
zarzamoras	θarθamorass	Brombeeren

Nachtisch *Postre*

Ich hätte gern eine Nachspeise.	**Quisiera un postre.**	kissjera unn posstree
Etwas Leichtes, bitte.	**Algo ligero, por favor.**	algo lichero por fabor
Eine kleine Portion, bitte.	**Una ración pequeña, por favor.**	unna raθjonn pekenja por fabor

Wenn Sie unsicher sind, fragen Sie den Kellner:

Was haben Sie an Nachspeisen?	¿Qué tiene de postre?	ke tjennee de posstree
Was können Sie mir empfehlen?	¿Qué me aconseja?	ke me akonssecha

arroz con leche	arroθ konn letschee	Milchreis
barquillos	barkiljoss	Waffeln
bizcocho borracho	biθkotscho borratscho	mit Rum getränkter Biskuitkuchen
bollo	boljo	Hefegebäck
crema catalana	kremma katalanna	Nachspeise aus Milch, Eiern, Zucker und Zimt
flan	flann	Karamelpudding
galletas	galjettass	Kekse
helado	eladdo	Speiseeis
de chocolate	de tschokolattee	Schokolade
de fresa	de fressa	Erdbeer
de limón	de limonn	Zitrone
de moka	de mokka	Mokka
de vainilla	de bainilja	Vanille
mantecado	mantekaddo	Sahneeis
mazapán	maθapann	Marzipan
melocotón en almíbar	melokotonn enn almibbar	Pfirsich in Zuckersirup
membrillo	membriljo	Quitte
merengue	merengee	Meringe, Baiser
nata batida	natta batidda	Schlagsahne
pastel	passtell	Torte, Kuchen
pastel de queso	passtell de kesso	Käsekuchen
tarta de almendras	tarta de almendrass	Mandeltorte
tarta de manzana	tarta de manθanna	Apfeltorte
tarta helada	tarta eladda	Eiskremtorte
tarteletas	tartelettass	Törtchen
turrón	turronn	Nougat

Aperitifs *Aperitivos*

Der Spanier trinkt vor dem Abendessen gern einen Aperitif. Beliebt sind *vermú* (ber**mu** – Wermut) und *jerez* (chereθ – Sherry). Wermut wird selten pur getrunken, sondern gewöhnlich mit Eiswürfeln oder Soda. Viele Spanier begnügen sich jedoch meist mit einem Glas einfachen soliden Landweins. Oft reicht man mit dem Sherry oder Wermut ein Schüsselchen Oliven oder Nüsse, in den auf *tapas* (siehe Seite 63) spezialisierten Bars, *tascas* und *tabernas* ebenso verschiedene Appetithäppchen.

Der mit Branntwein versetzte Sherry oder *vino de Jerez* wird im andalusischen *Jerez de la Frontera* produziert. Der Rebensaft reift nach uraltem Brauch in Fässern. Junger Wein wird mit einem Schuß älterem verschnitten. Diese Methode heißt »solera«.

Der spanische Sherry wird in zwei Gruppen unterteilt:

fino
(finno)
Er ist hell und trocken mit reichem Bouquet und wird als Aperitif getrunken. Zu den leichten Sherry-Sorten gehören der *manzanilla* und der *amontillado*, wobei letzterer ein wenig dunkler und schwerer als echter *fino* ist. Unter den besten *finos* finden sich Namen wie *Tío Pepe* und *La Ina*.

oloroso
(olorosso)
Ein dunkler, schwerer Sherry, der vor der Flaschenfüllung gesüßt wird. Er eignet sich deshalb gut zum Dessert. Den halbtrockenen *amoroso* kann man sowohl als Aperitif als auch zum Nachtisch trinken. Braune Sherry-Liköre duften etwas weniger als die *finos*.

¡SALUD!
(ssaludd)
PROSIT!

Wein *Vino*

Obwohl Spanien zu den größten Weinproduzenten der Welt gehört, ist die Qualität des nationalen *vino* – mit Ausnahme des Sherrys – recht schwankend. Die Güte eines speziellen Weinberges kann beträchtlich von einem Jahr zum anderen variieren, da vielfach überholte Techniken im Weinbau und der Fermentation angewendet werden.

Einige Restaurants setzen ihren Wein in eine Ecke der Speisekarte, während andere ihn an der Wand auflisten. Der Wein »reist« im allgemeinen wenig im Land herum. Sie sollten deshalb von einer *hostería* kein breites Angebot an Weinen erwarten.

Die meisten Weine werden jung getrunken. Die Jahrgangsetiketten sind daher von geringerer Bedeutung. Eine Regierungskommission genehmigt Weinhändlern das Aufdrucken der *denominación de origen* auf Flaschen als Qualitätshinweis. Diese Bezeichnung ist jedoch relativ unzuverlässig.

Spaniens zweifellos bester Wein kommt aus Rioja, einem Gebiet des alten Kastilien (oberes Ebrotal) mit dem Zentrum Logroño. Die Weinproduzenten tragen dort zur *garantía de origen* eines Weines bei, dessen Güte sie als überdurchschnittlich empfinden. Aber auch andere Regionen – besonders Andalucía, Aragón, Catalunya, Navarra, Castilla la Nueva, Toledo und Valdepeñas – produzieren Qualitätswein.

Im Gebiet um Penedés in der Nähe von Barcelona wird der meistverkaufte Sekt hergestellt. Offiziell heißt er *cava*, die Spanier nennen ihn auch *champán*.

Die Tabelle auf der folgenden Seite wird Ihnen helfen, Ihren Wein auszuwählen, wenn Sie einige Weinproben machen möchten.

Brauchen Sie Unterstützung in der Weinwahl, so fragen Sie ohne Zögern den Kellner!

Weinart (Charakter)	Beispiele	Speisen zu diesen Weinen
trockene Weißweine	die meisten Landweine, darunter *Rioja* und *Monopole*	Meeresfrüchte, Fisch, *tapas*, kalte Fleischgerichte, Geflügel, Kalbfleisch, Eierspeisen wie z.B. *tortillas*
Roséweine	*López de Heredia, Marqués de Murrieta*	werden – vor allem im Sommer – zu fast allen Speisen getrunken, vorwiegend aber zu kalten Gerichten, Schweine- und Lammfleisch und oft zu *paella*
leichte Rotweine	die meisten Rotweine, z.B. *Viña Pomal* und *Priorato Reserva* aus Katalonien	Brathuhn, Truthahn, Kalb-, Lamm- und Rindfleisch, Grilladen, Schinken, Leber und Innereien. Vorzüglich zu *zarzuelas* und *tortillas*
schwere Rotweine	bestimmte Weine aus Tarragona, Alicante, Rioja und Valdepeñas	Wild, Ente, Gans, Nierenbraten, einige herzhafte Käsesorten wie z.B. *cabrales*, die meisten gut gewürzten Gerichte
süße Weißweine	Moscatel	Nachspeisen und Gebäck
Schaumwein	*Cava* und *Codorniu*	trocken zu den meisten Speisen, vor allem zu Schalentieren oder auch als Aperitif; süß am besten zu Nachtisch und Tortengebäck

Kann ich bitte die Weinkarte haben?	¿Puedo ver la carta de vinos, por favor?	p^ueddo ber la carta de binnoss por fabor
Ich hätte gern... von...	Quisiera ... de...	kissjera... de...
Flasche	una botella	unna botelja
halbe Flasche	media botella	meddja botelja
Glas	un vaso	unn basso
Gläschen	un chato	unn tschatto
Karaffe	una garrafa	unna garraffa
Liter	un litro	unn litro
Ich hätte gern eine Flasche Weiß-/Rotwein.	Quisiera una botella de vino blanco/vino tinto.	kissjera unna botelja de binno blanko/binno tinto
Haben Sie offenen Wein/Landwein?	¿Tiene vino de la casa/vino del país?	tjennee binno de la kassa/binno dell paiss

Wenn Ihnen der Wein schmeckt, können Sie sagen:

Bringen Sie mir bitte noch eine Flasche/ein Glas...	Tráigame otra botella/otro vaso de..., por favor.	traiggamee otra botelja/otro basso de... por fabor
Woher stammt dieser Wein?	¿De dónde viene este vino?	de dondee bjennee esstee binno

rot	tinto	tinto
weiß	blanco	blanko
rosé	rosado	rossaddo
leicht	ligero	lichero
schäumend	espumoso	esspumosso
schwer	de cuerpo	de k^uerpo
süß	dulce	dulθee
trocken	seco	ssekko
sehr trocken	muy seco	muj ssekko

Sangría

Sangría, ein geeistes Getränk aus Rotwein, Weinbrand, Zitronen-, Apfel- und Apfelsinenscheiben und Zucker ist köstlich, bei Hitze aber »umwerfend«. Sie können jedoch vorsichtshalber die Sangría mit Sodawasser und viel Eis verdünnen.

Bier *Cerveza*

Spanisches Bier ist gut und preiswert und wird meist recht kalt serviert. Probieren Sie *Aguila especial* oder *San Miguel especial*.

Ein Bier, bitte.	**Una cerveza, por favor.**	unna θerbeθa por fabor
helles Bier	**cerveza rubia**	θerbeθa rubbja
dunkles Bier	**cerveza negra**	θerbeθa negra
ausländisches Bier	**cerveza extranjera**	θerbeθa extranchera

Spirituosen und Liköre *Licores*

Wahrscheinlich ist Ihnen der spanische Weinbrand im Vergleich zum französischen Kognak zu schwer oder zu süß. Er ist aber sehr billig, und viele *aficionados* schwören auf ihn. Versuchen Sie *Fundador, Carlos III* oder *Bobadilla Gran Reserva*. Empfehlenswerte Liköre sind *Licor 43*, unter anderen *Calisay* und *Montserrat*.

Glas	**un vaso**	unn basso
Flasche	**una botella**	unna botelja
einen doppelten	**doble**	doblee
einen einfachen	**sencillo**	ssenθiljo
mit Eiswürfeln	**con hielo**	konn jello
pur	**solo**	ssollo

Ich hätte gern ein Glas...	**Quisiera un vaso de..., por favor.**	kissjera unn basso de... por fabor
Haben Sie irgendeine lokale Spezialität?	**¿Tiene alguna especialidad local?**	tjennee algunna esspeθjalidadd lokall
Ich möchte... probieren.	**Quisiera probar...**	kissjera probar
Bringen Sie mir bitte einen/ein...	**Tráigame..., por favor.**	traiggamee... por fabor
Anislikör	**un anís**	unn aniss
Apfelwein	**sidra**	ssidra
Gin	**una ginebra**	unna chinebra

Deutsch	Spanisch	Aussprache
Gin-Fizz	ginebra con limón	chinebra konn limonn
Gin-Tonic	ginebra con tónica	chinebra konn tonnika
Kognak	un coñac	unn konjakk
Likör	un licor	unn likor
Portwein	un vino de Oporto	unn binno de oporto
Rum	un ron	unn ronn
Rum und Cola	Cuba libre	kubba libree
Schnaps	un aguardiente	unn ag^{u}ardjentee
Sherry	un jerez	unn chereθ
Wermut	un vermú	unn bermu
Whisky	un whisky	unn ^{u}isski
mit Soda	con soda	konn ssodda
schottischer	escocés	esskoθess
Wodka	una vodka	unna bodka

Alkoholfreie Getränke *Bebidas sin alcohol*

Deutsch	Spanisch	Aussprache
Ich hätte gern...	Quisiera...	kissjera...
Fruchtsaft	un zumo de fruta	unn θummo de frutta
Ananas/Apfel/ Orange/Grapefruit/Tomate/ Zitrone	piña/manzana/ naranja/pomelo/ tomate/limón	pinja/manθanna/ narancha/pomello/ tomattee/limonn
Kaffee	un café	unn kafe
Tasse Kaffee	una taza de café	unna taθa de kafe
schwarz	café solo	kafe ssollo
mit Milch	café con leche	kafe konn letschee
mit Rahm	café con crema	kafe konn kremma
Eiskaffee	café granizado	kafe graniθaddo
Espresso	café exprés	kafe express
kleiner Kaffee mit wenig Milch	café cortado	kafe kortaddo
koffeinfrei	café descafeinado	kafe desskafeinaddo
Limonade	una limonada	unna limonadda
Milch	leche	letschee
Milchmixgetränk	un batido	unn batiddo
Mineralwasser	agua mineral	agg^{u}a minerall
Orangeade	una naranjada	unna naranchadda
(heiße) Schokolade	un chocolate (caliente)	un tschokolattee (kaljentee)
Sodawasser	una soda	unna ssodda
Tee	un té	unn te
mit Milch/Zitrone	con leche/limón	konn letschee/limonn
Eistee	un té helado	unn te eladdo
Tonicwasser	una tónica	unna tonnika
(Eis-)Wasser	agua (helada)	agg^{u}a (eladda)

Reklamationen *Reclamaciones*

Es fehlt ein Glas/Teller.	**Falta un vaso/plato.**	falta unn basso/platto
Ich habe kein Messer/keine Gabel/keinen Löffel.	**No tengo cuchillo/tenedor/cuchara.**	no tengo kutschiljo/tenedor/kutschara
Das habe ich nicht bestellt.	**Esto no es lo que he pedido.**	essto no ess lo ke e pediddo
Ich wollte...	**He pedido...**	e pediddo
Das muß ein Irrtum sein.	**Debe haber algún error.**	debbee aber algunn error
Können Sie mir dafür etwas anderes geben?	**¿Puede cambiarme esto?**	pᵘeddee kambjarmee essto
Ich wollte eine kleine Portion (für das Kind).	**He pedido una porción pequeña (para el niño).**	e pediddo unna porθjonn pekenja (para ell ninjo)
Das Fleisch ist...	**Esta carne está...**	essta karnee essta
zu stark gebraten	**demasiado hecha**	demassjaddo etscha
fast roh	**poco hecha**	pokko etscha
nicht durchgebraten	**demasiado cruda**	demassjaddo krudda
zu zäh	**demasiado dura**	demassjaddo dura
Dies ist zu...	**Esto está demasiado...**	essto essta demassjaddo
bitter/salzig/süß/scharf/sauer	**amargo/salado/dulce/picante/agrio**	amargo/ssaladdo/dulθee/pikantee/agrjo
Das Essen ist kalt.	**La comida está fría.**	la komidda essta fria
Dies ist nicht frisch.	**No está fresco.**	no essta fressko
Weshalb dauert es so lange?	**¿Por qué tarda tanto?**	por ke tarda tanto
Haben Sie unsere Getränke vergessen?	**¿Ha olvidado nuestras bebidas?**	a olbidaddo nᵘesstrass bebiddass
Der Wein ist zu kalt.	**El vino está demasiado frío.**	ell binno essta demassjaddo frio
Der Wein schmeckt nach Korken.	**El vino sabe a corcho.**	ell binno ssabbee a kortscho
Das ist nicht sauber.	**No está limpio.**	no essta limpjo
Das schmeckt mir nicht.	**Esto no me gusta.**	essto no me gussta

Die Rechnung *La cuenta*

Die Bedienung (*el servicio* – ell sser**bi**θjo) ist im allgemeinen im Preis inbegriffen, bei einigen Menüs ebenso der Wein (*vino incluido*).

Deutsch	Español	Aussprache
Die Rechnung, bitte.	La cuenta, por favor.	la k^uenta por fabor
Ich möchte zahlen.	Quisiera pagar.	kissjera pagar
Wir möchten getrennt bezahlen.	Quisiéramos pagar separadamente.	kissjeramoss pagar sseparadamentee
Wofür steht dieser Betrag?	¿Qué representa esta cantidad?	ke repress**en**ta **ess**ta kantidadd
Ich glaube, Sie haben sich geirrt.	Creo que se ha equivocado usted.	kreo ke sse a ekibokaddo usstedd
Ist die Bedienung inbegriffen?	¿Está incluido el servicio?	essta inkl^uiddo ell sserbiθjo
Ist das Gedeck inbegriffen?	¿Está incluido el cubierto?	essta inkl^uiddo ell kubjerto
Ist alles inbegriffen?	¿Está todo incluido?	essta toddo inkl^uiddo
Nehmen Sie Reiseschecks/Eurocheques?	¿Acepta usted cheques de viajero/eurocheques?	aθepta usstedd tschekkess de bjachero/eurotschekkess
Kann ich mit dieser Kreditkarte bezahlen?	¿Puedo pagar con esta tarjeta de crédito?	p^ueddo pagar konn essta tarchetta de kreddito
Danke, das ist für Sie.	Gracias, esto es para usted.	graθjass essto ess para usstedd
Behalten Sie das Kleingeld.	Quédese con el suelto.	keddessee konn ell ss^uelto
Es war ein sehr gutes Essen.	Ha sido una comida excelente.	a ssiddo unna komidda exθelentee
Es hat uns gut geschmeckt, danke.	Nos ha gustado mucho, gracias.	noss a gusstaddo mutscho graθjass

---

SERVICIO INCLUIDO
BEDIENUNG INBEGRIFFEN

TRINKGELDER, 3. Umschlagseite

Imbisse – Picknick   *Tentempiés – Meriendas*

Als *tapas* bezeichnet der Spanier kleine mundgerechte Portionen Fleisch, Fisch, Oliven, Meeresfrüchte und andere Leckerbissen, die mit Getränken in Cafés und Tapa-Bars angeboten werden. *Tapa* heißt wörtlich Deckel. Früher war es üblich, kostenlos Appetithappen auf einem Tellerchen zu servieren, das wie ein Deckel auf das Weinglas gesetzt wurde. Eine Riesenportion aller möglichen *tapas* heißt *porción* und eine *media ración* füllt den »halben Magen«.

Geben Sie mir eines davon, bitte.	**Déme uno de éstos, por favor.**	demmee unno de esstoss por fabor
Geben Sie mir 2 von diesen und 3 von jenen, bitte.	**Déme 2 de éstos y 3 de ésos, por favor.**	demmee 2 de esstoss i 3 de essoss por fabor
links	**a la izquierda**	a la iθkjerda
rechts	**a la derecha**	a la deretscha
oben/unten	**encima/debajo**	enθimma/debacho
Bitte geben Sie mir...	**Déme..., por favor.**	demmee... por fabor
Es ist zum Mitnehmen.	**Es para llevar.**	ess para ljebar
Was kostet es?	**¿Cuánto es?**	k^{u}anto ess

In der folgenden Liste finden Sie die wichtigsten Lebensmittel und Getränke, die Sie für einen Imbiß oder ein Picknick benötigen:

Äpfel	**unas manzanas**	unnass manθannass
Bananen	**unos plátanos**	unnoss plattanoss
belegtes Brot	**un bocadillo**	unn bokadiljo
mit Käse	**de queso**	de kesso
mit Schinken	**de jamón**	de chamonn
mit Thunfisch	**de atún**	de atunn
Bonbons	**unos caramelos**	unnoss karamelloss
Brot	**pan**	pann
Brötchen	**unos panecillos**	unnoss paneθiljoss
Butter	**mantequilla**	mantekilja
Eier	**huevos**	^{u}ebboss
Eier und Schinken	**jamón y huevos**	chamonn i ^{u}ebboss
Eis	**helado**	eladdo

GASTSTÄTTEN

Comidas y bebidas

Deutsch	Spanisch	Aussprache
Fleischaufschnitt	unos fiambres	unnoss fjambress
Frikadelle	una hamburguesa	unna amburgessa
(Salz-)Gebäck	unas galletas (saladas)	unnass galjettass (ssaladdass)
gebratener Fisch	pescado frito	pesskaddo fritto
Gewürzgurken	unos pepinillos	unnoss pepiniljoss
Gurken	unos pepinos	unnoss pepinnoss
(große) Gurken	unos cohombros	unnoss koombross
Hühnchen	pollo	poljo
gebraten	pollo asado	poljo assaddo
halbes	medio pollo	meddjo poljo
Joghurt	un yogur	unn jogur
Kaffee	café	kafe
Kartoffeln	unas patatas	unnass patattass
Kartoffelchips	patatas fritas	patattass frittass
Käse	queso	kesso
Kekse	unas galletas	unnass galjettass
Ketchup	salsa de tomate	ssalssa de tomattee
Kopfsalat	una lechuga	unna letschugga
Kuchen	pasteles	passtelless
Melone	melón	melonn
Milch	leche	letschee
Ölkringel	churros	tschurross
Orangen	unas naranjas	unnass naranchass
Pastete	paté	pate
Pfeffer	pimienta	pimjenta
Pommes frites	patatas fritas	patattass frittass
Sahne	nata	natta
Salami	salchichón	ssaltschitschonn
Salat	una ensalada	unna enssaladda
Salz	sal	ssall
Sandwich	un bocadillo	unn bokadiljo
Schinken	jamón	chamonn
Schokolade	chocolate	tschokolattee
Senf	mostaza	mosstaθa
Spaghetti	espaguetis	esspagettiss
Spiegeleier	huevos fritos	ᵘebboss frittoss
Süßigkeiten	dulces	dulθess
Süßstoff	un edulcorante	unn edulkorantee
Tee	té	te
Toast	unas tostadas	unnass tosstaddass
Tomaten	unos tomates	unnoss tomattess
Tortengebäck	pasteles	passtelless
Weintrauben	unas uvas	unnass ubbass
Würstchen	unas salchichas	unnass ssaltschitschass
Zitronen	unos limones	unnoss limonness
Zucker	azúcar	aθukkar

Reisen im Lande

Eisenbahn *Tren*

Die Züge der staatlichen Eisenbahnbetriebe *RENFE (Red Nacional de los Ferrocarriles Españoles)* befahren mehrere gut organisierte überregionale und internationale Strecken. Die Fernschnellzüge fahren schnell und pünktlich, Nahverkehrszüge sind eher langsam. Fahrkarten erhalten Sie am Bahnhof oder in Reisebüros. Für längere Strecken empfehlen sich Platzkarten. Ein interessantes Angebot ist die 8, 15 oder 22 Tage gültige Touristenkarte der *RENFE*, die in ganz Spanien ohne Kilometerbegrenzung benutzt werden kann.

Nachstehend eine Übersicht über die verschiedenen Zugtypen:

Talgo, Ter (talgo, ter)	bequemer, TEE-ähnlicher Zug, 1. und 2. Klasse mit Zuschlag
EuroCity (EC) (euroθitti)	internationaler Schnellzug, 1. und 2. Klasse
Expreso, Rápido (expresso, rappido)	Schnellzug, der nur in größeren Orten hält; mit Zuschlag
Omnibus, Tranvía, Automotor (omnibuss, tranbia, automotor)	Lokalzüge, die an den meisten Stationen halten; meist nur 2. Klasse
Auto Expreso (auto expresso)	Autozug

FUMADORES	NO FUMADORES
RAUCHER	NICHTRAUCHER

Coche comedor (kotschee komedor)	Speisewagen
Coche cama (kotschee kamma)	Schlafwagen; Abteile mit Waschgelegenheiten und 1, 2 oder 3 Betten
Coche literas (kotschee literass)	Liegewagen

BUS – STRASSENBAHN, Seite 72/SCHIFF, Seite 74

Zum Bahnhof *A la estación*

Wo ist der Bahnhof?	¿Dónde está la estación?	dondee essta la esstaθjonn
Gibt es...?	¿Hay...?	ai
Bus	un autobús	unn autobuss
Straßenbahn	un tranvía	unn tranbia
U-Bahn	un metro	unn metro
Kann ich zu Fuß hinkommen?	¿Puedo llegar a pie?	p^{u}eddo ljegar a pje
Taxi, bitte!	¡Taxi, por favor!	taxi por fabor
Fahren Sie mich zum (Haupt-)Bahnhof.	Lléveme a la estación (central).	ljebbemee a la esstaθjonn (θentrall)

ENTRADA	EINGANG
SALIDA	AUSGANG
ANDENES	ZU DEN BAHNSTEIGEN

Auskunft *Información*

Wo ist...?	¿Dónde está...?	dondee essta
Auskunft(sbüro)	la oficina de información	la ofiθinna de informaθjonn
Bahnsteig 3	el andén 3	ell andenn 3
Fahrkartenschalter	la taquilla	la takilja
Fundbüro	la oficina de objetos perdidos	la ofiθinna de obchettoss perdiddoss
Gepäckaufbewahrung	la consigna	la konssigna
Gleis 5	la vía 5	la bia 5
Platzreservierung	la oficina de reservas	la ofiθinna de resserbass
Schließfächer	la consigna automática	la konssigna automattika
Schnellimbiß	el bar	ell bar
Wartesaal	la sala de espera	la ssalla de esspera
Wechselstube	la oficina de cambio	la ofiθinna de kambjo
Zeitungsstand	el quiosco de periódicos	ell kjossko de perjoddikoss
Wo sind die Toiletten?	¿Dónde están los servicios?	dondee esstann loss sserbiθjoss

TAXI, Seite 21

Wann fährt der... Zug nach Alicante?	¿A qué hora sale el ...tren para Alicante?	a ke ora ssallee ell ...trenn para alikantee
erste/letzte/ nächste	primer/último/ próximo	primer/ultimo/ proximo
Was kostet die Fahrt nach Madrid?	¿Cuánto cuesta el billete a Madrid?	k^{u}anto k^{u}essta ell biljettee a madridd
Ist es ein durchgehender Zug?	¿Es un tren directo?	ess unn trenn direkto
Muß ich einen Zuschlag bezahlen?	¿Tengo que pagar un suplemento?	tengo ke pagar unn ssuplemento
Gibt es einen Anschluß nach Bilbao?	¿Hay correspondencia para Bilbao?	ai korresspondenθja para bilbao
Muß ich umsteigen?	¿Tengo que cambiar de tren?	tengo ke kambjar de trenn
Reicht die Zeit zum Umsteigen?	¿Hay tiempo suficiente para transbordar?	ai tjempo ssufiθjentee para transsbordar
Fährt der Zug pünktlich ab?	¿Saldrá el tren a su hora?	ssaldra ell trenn a ssu ora
Wann kommt der Zug in Santander an?	¿A qué hora llega el tren a Santander?	a ke ora ljegga ell trenn a ssantander
Hält der Zug in Gerona?	¿Para el tren en Gerona?	para ell trenn enn cheronna
Führt der Zug einen Speisewagen/Schlafwagen?	¿Hay coche restaurante/coche cama en el tren?	ai kotschee resstaurantee/kotschee kamma enn ell trenn
Von welchem Bahnsteig fährt der Zug nach Barcelona?	¿De qué andén sale el tren para Barcelona?	de ke andenn ssallee ell trenn para barθelonna
Auf welchem Gleis kommt der Zug aus Toledo an?	¿A qué andén llega el tren de Toledo?	a ke andenn ljegga ell trenn de toleddo
Ich möchte einen Fahrplan.	Quisiera comprar un horario.	kissjera komprar unn orarjo

LLEGADA ANKUNFT	**SALIDA** ABFAHRT

REISEN IM LANDE

68

👉	👈
Es un tren directo.	Es ist ein durchgehender Zug.
Cambie de tren en... y tome un tren de cercanías.	Steigen Sie in... in einen Nahverkehrszug um.
El andén 3 está...	Bahnsteig 3 ist...
allí/a la izquierda/derecha	dort drüben/links/rechts
Hay un tren para Barcelona a las...	Es gibt um... einen Zug nach Barcelona.
El tren sale del andén 8.	Der Zug fährt auf Gleis 8 ab.
Habrá un retraso de... minutos.	Der Zug hat... Minuten Verspätung.
Primera clase al frente/ en medio/al final.	Erste Klasse an der Spitze/in der Mitte/am Ende des Zuges.

Fahrkarten *Billetes*

Eine Fahrkarte nach León, bitte.	**Quisiera un billete para León, por favor.**	kissjera unn biljettee para Leonn por fabor
einfach	**ida**	idda
hin und zurück	**ida y vuelta**	idda i b^{u}elta
1. Klasse	**primera clase**	primera klassee
2. Klasse	**segunda clase**	ssegunda klassee
zum halben Tarif	**media tarifa**	meddja tariffa
mit Zuschlag für den Talgo/Ter	**con suplemento para el Talgo/Ter**	konn ssuplemento para ell talgo/ter

Reservierung *Reserva*

Ich möchte... reservieren lassen.	**Quisiera reservar...**	kissjera resserbar
(Fenster)platz	**un asiento (al lado de la ventana)**	unn assjento (all laddo de la bentanna)
Platz im Liegewagen	**una litera en el coche literas**	unna litera enn ell kotschee literass
oben	**superior**	ssuperjor
in der Mitte	**en medio**	enn meddjo
unten	**inferior**	inferjor
Schlafwagenplatz	**una litera en el coche cama**	unna litera enn ell kotschee kamma

Excursiones

ZAHLEN, Seite 149

Auf dem Bahnsteig   *En el andén*

Ist das der richtige Bahnsteig für den Zug nach Cádiz?	¿Es éste el andén del tren para Cádiz?	ess esstee ell andenn dell trenn para kaddiθ
Ist das der Zug nach Madrid?	¿Es éste el tren para Madrid?	ess esstee ell trenn para madridd
Hat der Zug aus Paris Verspätung?	¿Lleva retraso el tren de París?	ljebba retrasso ell trenn de pariss

PRIMERA CLASE	SEGUNDA CLASE
ERSTE KLASSE	ZWEITE KLASSE

Im Zug   *En el tren*

Verzeihung. Kann ich vorbei?	Perdone. ¿Puedo pasar?	perdonnee. p^ueddo passar
Ist dieser Platz besetzt?	¿Está ocupado este asiento?	essta okupaddo esstee assjento
Ich glaube, das ist mein Platz.	Creo que éste es mi asiento.	kreo ke esstee ess mi assjento
Kann ich das Fenster aufmachen/schließen?	¿Puedo abrir/cerrar la ventana?	p^ueddo abrir/θerrar la bentanna
Würden Sie mir bitte Bescheid sagen, wenn wir in Alicante ankommen?	¿Me avisaría antes de llegar a Alicante?	me abissaria antess de ljegar a alikantee
Welche Station ist das?	¿Qué estación es ésta?	ke esstaθjonn ess essta
Wie lange hält der Zug hier?	¿Cuánto tiempo para el tren aquí?	k^uanto tjempo para ell trenn aki
Wann kommen wir in Bailén an?	¿Cuándo llegamos a Bailén?	k^uando ljegammoss a bailenn
Wo ist der Speisewagen?	¿Dónde está el coche restaurante?	dondee essta ell kotschee resstaurantee

Irgendwann während der Fahrt kommt der Schaffner (*el revisor* – ell rebissor) vorbei: »*Los billetes, por favor!*« (Fahrkarten, bitte!).

UHRZEIT, Seite 155

Schlafwagen   *Coche cama*

Deutsch	Español	Aussprache
Sind im Schlafwagen noch Abteile frei?	**¿Hay un departamento libre en el coche cama?**	ai unn departamento libree enn ell kotschee kamma
Wo ist der Schlafwagen?	**¿Dónde está el coche cama?**	dondee essta ell kotschee kamma
Wo ist der Liegewagen?	**¿Dónde está el coche literas?**	dondee essta ell kotschee literass
Wo ist mein Schlafplatz?	**¿Dónde está mi litera?**	dondee essta mi litera
Ich möchte unten schlafen.	**Quisiera una litera en la parte inferior.**	kissjera unna litera enn la partee inferjor
Können Sie unsere Betten machen?	**¿Nos podrá hacer usted la litera?**	noss podra aθer usstedd la litera
Könnten Sie mich um 7 Uhr wecken?	**¿Me podrá llamar usted a las 7?**	me podra ljamar usstedd a lass 7

FACTURACION
GEPÄCKAUFGABE

Gepäck – Gepäckträger   *Equipaje – Mozos*

Deutsch	Español	Aussprache
Wo sind die Schließfächer?	**¿Dónde está la consigna automática?**	dondee essta la konssigna automattika
Wo ist die Gepäckaufbewahrung?	**¿Dónde está la consigna?**	dondee essta la konssigna
Ich möchte mein Gepäck einstellen.	**Quisiera dejar mi equipaje, por favor.**	kissjera dechar mi ekipachee por fabor
Ich möchte mein Gepäck aufgeben.	**Quisiera facturar mi equipaje, por favor.**	kissjera fakturar mi ekipachee por fabor
Gepäckträger!	**¡Mozo!**	moθo
Können Sie mir mit meinem Gepäck helfen?	**¿Puede usted ayudarme con mi equipaje?**	pᵘeddee usstedd ajudarmee konn mi ekipachee
Wo sind die Gepäckhandwagen (Kofferkulis)?	**¿Dónde están los carritos de equipaje?**	dondee esstann loss karrittoss de ekipachee

GEPÄCKTRÄGER, siehe auch Seite 18

Flugzeug *Avión*

Deutsch	Español	Aussprache
Ich möchte einen Flug nach Madrid buchen.	**Quisiera un billete para Madrid.**	kissjera unn biljettee para madridd
Hinflug	**ida**	idda
Hin- und Rückflug	**ida y vuelta**	idda i b^{u}elta
1. Klasse	**primera clase**	primera klassee
Touristenklasse	**clase turista**	klassee turisstta
Gibt es Sondertarife?	**¿Hay tarifas especiales?**	ai tariffass esspeθjalless
Gibt es einen Flug nach Alicante?	**¿Hay algún vuelo a Alicante?**	ai algunn b^{u}ello a alikantee
Ist es ein Direktflug?	**¿Es un vuelo directo?**	ess unn b^{u}ello direkto
Wann geht der nächste Flug nach Hamburg?	**¿Cuándo sale el próximo avión para Hamburgo?**	k^{u}ando ssalee ell proximo abjonn para amburgo
Um wieviel Uhr startet die Maschine?	**¿A qué hora sale el avión?**	a ke ora ssallee ell abjonn
Fährt ein Bus zum Flughafen?	**¿Hay un autobús para el aeropuerto?**	ai unn autobuss para ell aerop^{u}erto
Wann muß ich einchecken?	**¿A qué hora debo presentarme?**	a ke ora debbo pressentarmee
Wie ist die Flugnummer?	**¿Cuál es el número del vuelo?**	k^{u}all ess ell nummero dell b^{u}ello
Um wieviel Uhr kommen wir an?	**¿A qué hora llegaremos?**	a ke ora ljegaremmoss
Ich möchte meinen Flug...	**Quisiera... mi reserva.**	kissjera... mi resserba
annullieren	**anular**	anular
bestätigen	**confirmar**	konfirmar
umbuchen	**cambiar**	kambjar
Wie lange ist der Flugschein gültig?	**¿Cuánto tiempo es válido el billete de avión?**	k^{u}anto tjempo ess ballido ell biljettee de abjonn

LLEGADA	**SALIDA**
ANKUNFT	ABFLUG

Überlandbus *Autocar/Autobús*

Überlandbusreisen sind besonders zu empfehlen, wenn man etwas abgelegenere Orte besuchen möchte. Es gibt jedoch keine spezielle Buslinie quer durch Spanien. Viele Busse fahren nur Städte und Dörfer einer Provinz an oder stellen, falls keine Bahnlinie existiert, die Verbindung zwischen der jeweiligen Provinzhauptstadt und Madrid her.

Wann fährt der nächste Bus nach Alicante?	¿A qué hora sale el próximo autobús para Alicante?	a ke ora ssallee ell proximo autobuss para alikantee
Hält der Bus in Murcia?	¿Para el autobús en Murcia?	para ell autobuss enn murθja
Wie lange dauert die Fahrt?	¿Cuánto dura el viaje?	k^{u}anto dura ell bjachee

Bus – Straßenbahn *Autobús – Tranvía*

In den meisten Bussen, vor allem auf dem Land, bezahlt man vorne beim Fahrer. In den größeren Städten lohnt es sich, eine Zeitkarte oder ein Fahrscheinheft zu kaufen (wie z.B. den *Bono Bus* in Madrid).

Ich möchte ein Fahrscheinheft.	Quisiera un abono de billetes.	kissjera unn abonno de biljettess
Welche Straßenbahn fährt ins Stadtzentrum?	¿Qué tranvía va al centro de la ciudad?	ke tranbia ba all θentro de la θjudadd
Wo hält der Bus, der zum Bahnhof fährt?	¿Dónde para el autobús que va a la estación?	dondee para ell autobuss ke ba a la esstaθjonn
Welchen Bus muß ich nach Burgos nehmen?	¿Qué autobús tengo que tomar para Burgos?	ke autobuss tengo ke tomar para burgoss
Mit welchem Bus komme ich zur Oper?	¿Qué autobús tengo que tomar para la ópera?	ke autobuss tengo ke tomar para la oppera
Wo ist die Bushaltestelle?	¿Dónde está la parada del autobús?	dondee essta la paradda dell autobuss

Wann fährt der... Bus nach Valencia?	¿A qué hora sale el... autobús para Valencia?	a ke ora ssallee ell... autobuss para balenθja
erste/letzte/nächste	primer/último/próximo	primer/ultimo/proximo
Wo ist die Endstation?	¿Dónde está el término?	dondee essta ell termino
Was kostet es nach...?	¿Cuánto cuesta para...?	kᵘanto kᵘessta para
Muß ich umsteigen?	¿Tengo que cambiar de autobús?	tengo ke kambjar de autobuss
Können Sie mir sagen, wann ich aussteigen muß?	¿Puede decirme cuándo tengo que apearme?	pᵘeddee deθirmee kᵘanto tengo ke apearmee
Ich möchte bei der Kathedrale aussteigen.	Quisiera apearme en la catedral.	kissjera apearmee enn la katedrall

PARADA DE AUTOBUS	**BUSHALTESTELLE**
PARADA FACULTATIVA	**BEDARFSHALTESTELLE**

U-Bahn *Metro*

Madrid und Barcelona besitzen ein gut ausgebautes Untergrundbahnnetz.

Wo ist die nächste U-Bahnstation?	¿Dónde está la estación de metro más cercana?	dondee essta la esstaθjonn de metro mass θerkanna
Fährt dieser Zug nach...?	¿Va este tren a...?	ba esstee trenn a
Wo muß ich nach... umsteigen?	¿Dónde tengo que hacer transbordo para...?	dondee tengo ke aθer transsbordo para
Ist die nächste Station...?	¿Es... la próxima estación?	ess... la proxima esstaθjonn
Welche Linie fährt nach...?	¿Qué línea va a...?	ke linea ba a

Schiff *Barco*

Wann fährt ein Schiff/eine Fähre nach Palma?	¿Cuándo sale un barco/un transbordador para Palma?	kuando ssallee unn barko/unn transsbordador para palma
Wo ist der Anlegeplatz?	¿Dónde está el lugar de embarco?	dondee essta ell lugar de embarko
Wie lange dauert die Überfahrt?	¿Cuánto dura la travesía?	kuanto dura la trabessia
Wann legen wir in Ibiza an?	¿Cuándo atracaremos en Ibiza?	kuando atrakaremmoss enn ibiθa
Ich möchte eine Hafenrundfahrt/ Kreuzfahrt machen.	Quisiera dar una vuelta por el puerto en barco/tomar un crucero.	kissjera dar unna buelta por ell puerto enn barko/tomar unn kruθero
Boot	el barco	ell barko
Dampfschiff	el barco de vapor	ell barko de bapor
Deck	la cubierta	la kubjerta
(Auto-)Fähre	el transbordador	ell transsbordador
Hafen	el puerto	ell puerto
Kabine	el camarote	ell kamarottee
Einzel-/Zweier-	sencillo/doble	ssenθiljo/doblee
Rettungsboot	el bote salvavidas	ell bottee ssalbabiddass
Rettungsring	el cinturón salvavidas	ell θinturonn ssalbabiddass
Tragflächenboot	el hidroplano	ell idroplanno

Fahrradverleih *Alquiler de bicicletas*

Ich möchte ein Fahrrad mieten.	Quisiera alquilar una bicicleta.	kissjera alkilar unna biθikletta

Weitere Transportmittel *Otros medios de transporte*

Hubschrauber	el helicóptero	ell elikoptero
Moped	el velomotor	ell belomotor
Motorrad	la motocicleta	la motoθikletta
Motorroller	el escúter	ell esskuter
Seilbahn	el funicular	ell funikular

Oder vielleicht wollen Sie lieber:

trampen	hacer auto-stop	aθer autosstopp
wandern	caminar	kaminar

SPORT, Seite 90

Auto *El coche*

Das spanische Autobahnnetz ist recht gut ausgebaut, jedoch werden Benutzungsgebühren (*peaje* – peachee) erhoben. Den Zustand der Hauptstraßen kann man als ausreichend bis gut bezeichnen. Das Anlegen von Sicherheitsgurten (*el cinturón de seguridad*) ist Pflicht.

Deutsch	Spanisch	Aussprache
Wo ist die nächste Tankstelle (mit Selbstbedienung)?	¿Dónde está la gasolinera más cercana (con autoservicio)?	dondee essta la gassolinera mass θerkanna (konn autosserbiθjo)
Volltanken, bitte, mit...	Llénelo, por favor, con...	ljennelo por fabor konn
Super/Normal bleifreiem Benzin	super/normal gasolina sin plomo	ssupper/normall gassolinna ssinn plommo
Diesel	diesel	dissell
Kontrollieren Sie bitte...	Por favor, controle...	por fabor kontrollee
Batterie	la batería	la bateria
Bremsflüssigkeit	el líquido de frenos	ell likkido de frennoss
Öl	el aceite	ell aθejttee
Wasser	el agua	ell agg^{u}a
Können Sie bitte den Reifendruck prüfen?	¿Puede controlar la presión de los neumáticos, por favor?	p^{u}eddee kontrolar la pressjonn de loss neumattikoss por fabor
Vorne 1,6, hinten 1,8.	1,6 delanteros, 1,8 traseros.	1 komma 6 delanteross 1 komma 8 trasseross
Bitte kontrollieren Sie auch den Ersatzreifen.	Mire también el neumático de repuesto, por favor.	miree tambjenn ell neumattiko de rep^{u}essto por fabor
Können Sie diesen Reifen flicken?	¿Puede arreglar este neumático?	p^{u}eddee arreglar esstee neumattiko
Würden Sie bitte ...wechseln?	¿Puede cambiar... por favor?	p^{u}eddee kambjar... por fabor
Glühbirne	la bombilla	la bombija
Keilriemen	la correa del ventilador	la korrea dell bentilador
Reifen	el neumático	ell neumattiko
Scheibenwischer	los limpiaparabrisas	loss limpjaparabrissass
Zündkerzen	las bujías	lass buchiass

AUTOVERLEIH, Seite 20

Reinigen Sie bitte die Windschutzscheibe.	¿Quiere limpiar el parabrisas?	kjeree limpjar ell parabrissass
Wo kann ich meinen Wagen waschen lassen?	¿Dónde lavan los coches?	dondee labban loss kotschess
Gibt es eine Waschanlage/-straße?	¿Hay una estación lavacoches/un tren de lavado?	ai unna esstaθjonn labakotschess/unn trenn de labaddo

Weg – Richtung   *Camino – Direcciones*

Wie komme ich nach...?	¿Cómo se va a...?	kommo sse ba a
Sind wir auf der richtigen Straße nach...?	¿Es ésta la carretera hacia...?	ess essta la karretera aθja
Gibt es eine wenig befahrene Straße?	¿Hay una carretera con poco tráfico?	ai unna karretera konn pokko traffiko
Wie weit ist es bis/nach...?	¿Qué distancia hay hasta...?	ke disstanθja ai assta
Gibt es eine Autobahn?	¿Hay una autopista?	ai unna autopissta
Wie lange braucht man mit dem Auto/zu Fuß?	¿Cuánto se tarda en coche/a pie?	k^{u}anto sse tarda enn kotschee/a pjee
Kann ich bis ins Stadtzentrum fahren?	¿Puedo conducir hasta el centro de la ciudad?	p^{u}eddo konduθir assta ell θentro de la θjudadd
Kann man mit dem Auto bis... fahren?	¿Puedo ir en coche hasta...?	p^{u}eddo ir enn kotschee assta
Können Sie mir sagen, wo... ist?	¿Puede decirme dónde está...?	p^{u}eddee deθirmee dondee essta
Wie komme ich zu diesem Ort/dieser Adresse?	¿Cómo puedo llegar a este lugar/esta dirección?	kommo p^{u}eddo ljegar a esstee lugar/essta direkθjonn
Wo ist/liegt das?	¿Dónde está esto?	dondee essta essto
Können Sie mir auf der Karte zeigen, wo ich bin?	¿Puede enseñarme en el mapa dónde estoy?	p^{u}eddee enssenjarmee enn ell mappa dondee esstoi

Se ha equivocado usted de carretera.	Sie sind auf der falschen Straße.	
Siga todo derecho.	Fahren Sie geradeaus.	
Es hacia allí...	Es ist dort vorne...	
frente a/detrás de...	gegenüber/hinter...	
norte/sur/este/oeste	Nord/Süd/Ost/West	
Vaya al primer/segundo cruce.	Fahren Sie bis zur ersten/zweiten Kreuzung.	
Doble a la izquierda en el semáforo.	Biegen Sie bei der Ampel links ab.	
Doble a la derecha en la próxima esquina.	Biegen Sie bei der nächsten Ecke rechts ab.	
Es una calle de dirección única.	Es ist eine Einbahnstraße.	
Siga la indicación »Murcia«.	Folgen Sie dem Schild »Murcia«.	

Parken *Aparcamiento*

Wo kann ich parken?	¿Dónde puedo aparcar?	dondee p^ueddo aparkar
Gibt es in der Nähe ein Parkhaus/einen Parkplatz?	¿Hay un garaje de varios pisos/un estacionamiento cerca de aquí?	ai unn garachee de barjoss pissoss/unn esstaθjonamjento θerka de aki
Darf ich hier parken?	¿Puedo aparcar aquí?	p^ueddo aparkar aki
Wieviel kostet es pro Stunde?	¿Cuánto cuesta por hora?	k^uanto k^uessta por ora
Haben Sie Kleingeld für die Parkuhr?	¿Tiene suelto para el parquímetro?	tjennee ss^uelto para ell parkimmetro
Wo bekomme ich eine Parkscheibe?	¿Dónde puedo conseguir un disco de aparcamiento?	dondee p^ueddo konssegir unn dissko de aparkamjento
Ist der Parkplatz bewacht?	¿Es un estacionamiento guardado?	ess unn esstaθjonamjento g^uardaddo

Panne – Straßenhilfe *Averías – Auxilio en carretera*

Ich habe eine Autopanne.	**Mi coche tiene una avería.**	mi kotschee tjennee unna aberia
Können Sie mir helfen?	**¿Puede usted ayudarme?**	pueddee ussted ajudarmee
Wo kann ich telefonieren?	**¿Dónde puedo telefonear?**	dondee pueddo telefonear
Bitte schicken Sie einen Abschleppwagen/Mechaniker.	**¿Quiere mandar un coche grúa/un mecánico?**	kjeree mandar unn kotschee grua/unn mekanniko
Mein Auto springt nicht an.	**Mi coche no quiere arrancar.**	mi kotschee no kjeree arrankar
Die Batterie ist leer.	**La batería está descargada.**	la bateria essta desskargadda
Ich habe eine Benzinpanne.	**Se ha terminado la gasolina.**	sse a terminaddo la gassolinna
Ich habe einen Plattfuß.	**Tengo un pinchazo.**	tengo unn pintschaθo
...ist/sind nicht in Ordnung.	**Hay algo estropeado en...**	ai algo esstropeaddo enn
Auspuff	**el tubo de escape**	ell tubbo de esskappee
Bremsen	**los frenos**	loss frennoss
Bremslichter	**las luces de frenos**	lass luθess de frennoss
elektrische Anlage	**el sistema eléctrico**	ell ssisstemma elektriko
Gangschaltung	**el cambio de velocidad**	ell kambjo de beloθidadd
Kühler	**el radiador**	ell radjador
Kupplung	**el embrague**	ell embraggee
Motor	**el motor**	ell motor
Rad	**la rueda**	la ruedda
Steuerung	**la dirección**	la direkθjonn
Vergaser	**el carburador**	ell karburador
Zündung	**el encendido**	ell enθendiddo
Können Sie mir... leihen?	**¿Puede usted dejarme...?**	pueddee ussted decharmee
Abschleppseil	**una cuerda para remolcar**	unna kuerda para remolkar
Benzinkanister	**un bidón de gasolina**	unn bidonn de gassolinna
Schraubenschlüssel	**una llave de tuercas**	unna ljabbee de tuerkass
Wagenheber	**un gato**	unn gatto
Werkzeug	**herramienta**	erramjenta

Reparatur *Reparación*

Wo ist die nächste Reparaturwerkstatt?	¿Dónde está el taller de reparaciones más cercano?	dondee essta ell taljer de reparaθjonness mass θerkanno
Können Sie mein Auto reparieren?	¿Puede usted reparar mi coche?	p*u*eddee ussted reparar mi kotschee
Wie lange wird es dauern?	¿Cuánto tardarán?	k*u*anto tardarann
Können Sie einen Kostenvoranschlag machen?	¿Puede darme un presupuesto?	p*u*eddee darmee unn pressup*u*essto

Unfall – Polizei *Accidentes – Policía*

Rufen Sie bitte die Polizei.	**Llamen a la policía, por favor.**	ljammen a la poliθia por fabor
Es ist ein Unfall passiert, ungefähr 2 km von...	**Ha habido un accidente a unos dos kilómetros de...**	a abiddo unn akθidentee a unoss doss kilommetross de
Es gibt Verletzte.	**Hay gente herida.**	ai chentee eridda
Rufen Sie sofort einen Arzt/einen Krankenwagen.	**Llamen en seguida a un médico/una ambulancia.**	ljammen enn ssegidda a unn meddiko/unna ambulanθja
Wie ist Ihr Name und Ihre Anschrift?	¿Cuál es su nombre y dirección?	k*u*all ess ssu nombree i direkθjonn
Ihre Versicherungsgesellschaft, bitte?	¿Cuál es su compañía de seguros?	k*u*all ess ssu kompanjia de sseguross

Verkehrszeichen *Señales de circulación*

¡ALTO!	Stop
AUTOPISTA (DE PEAJE)	(gebührenpflichtige) Autobahn
CEDA EL PASO	Vorfahrt gewähren
CURVA PELIGROSA	Gefährliche Kurve
DESVIACION	Umleitung
ENCENDER LOS FAROS	Scheinwerfer einschalten
ESCUELA	Schule
OBRAS	Baustelle
PEATONES	Fußgänger
PELIGRO	Gefahr
PUESTO DE SOCORRO	Erste-Hilfe-Station
PROHIBIDO ADELANTAR	Überholen verboten

Besichtigungen

Wo ist das Fremdenverkehrsbüro?	¿Dónde está la oficina de turismo?	dondee essta la ofiθinna de turismo
Was sind die Hauptsehenswürdigkeiten?	¿Cuáles son los principales puntos de interés?	k^{u}alless ssonn loss prinθipaless puntoss de interess
Wir sind... hier.	Estamos aquí...	esstammoss aki
nur ein paar Stunden	sólo unas pocas horas	ssollo unnass pokkass orass
einen Tag	un día	unn dia
eine Woche	una semana	unna ssemanna
Können Sie eine Stadtrundfahrt/einen Ausflug empfehlen?	¿Puede usted recomendar una vuelta por la ciudad/una excursión?	p^{u}eddee usstedd rekomendar unna b^{u}elta por la θjudadd/unna exkurssjonn
Von wo fahren wir ab?	¿De dónde saldremos?	de dondee ssaldremmoss
Holt uns der Bus beim Hotel ab?	¿Nos recogerá el autocar en el hotel?	noss rekochera ell autokar enn ell otell
Was kostet die Rundfahrt?	¿Cuánto cuesta la excursión?	k^{u}anto k^{u}essta la exkurssjonn
Wann beginnt sie?	¿A qué hora empieza?	a ke ora empjeθa
Ist das Mittagessen im Preis inbegriffen?	¿Está incluido el almuerzo en el precio?	essta inkl^{u}iddo ell alm^{u}erθo enn ell preθjo
Wann werden wir zurück sein?	¿A qué hora volvemos?	a ke ora bolbemmoss
Haben wir in... Zeit zu freier Verfügung?	¿Tenemos tiempo libre en...?	tenemmoss tjempo libree enn
Gibt es einen deutschsprachigen Führer?	¿Hay algún guía que hable alemán?	ai algunn gia ke ablee alemann
Ich möchte einen Fremdenführer für...	Quisiera un guía particular para...	kissjera unn gia partikular para
einen halben Tag	medio día	meddjo dia
einen Tag	un día	unn dia

Wo ist/sind...? ¿Dónde está/están...?

Deutsch	Español	Aussprache
Abtei	la abadía	la abadia
Altstadt	la ciudad vieja	la θjudadd bjecha
Arena	la plaza de toros	la plaθa de toross
Ausstellung	la exposición	la expossiθjonn
Bibliothek	la biblioteca	la bibljotekka
Börse	la bolsa	la bolssa
Botanischer Garten	el jardín botánico	ell chardinn botanniko
(Spring-)Brunnen	la fuente	la fuentee
Burg	el castillo	ell kasstiljo
Denkmal	el monumento	ell monumento
Fabrik	la fábrica	la fabrika
Festung	la fortaleza/ el alcázar	la fortaleθa/ ell alkaθar
Flohmarkt	el mercado de ocasiones	ell merkaddo de okassjonness
Friedhof	el cementerio	ell θementerjo
Gebäude	el edificio	ell edifiθjo
Gericht	el palacio de justicia	ell palaθjo de chusstiθja
Geschäftsviertel	el barrio comercial	ell barrjo komerθjall
Grab	la tumba	la tumba
Grünanlagen	los jardines públicos	loss chardinness publicoss
Hafen	el puerto	ell puerto
Innenstadt	el centro de la ciudad	ell θentro de la θjudadd
Kapelle	la capilla	la kapilja
Kathedrale	la catedral	la katedrall
Kirche	la iglesia	la iglessja
Kloster (Frauen)	el convento	ell konbento
Kloster (Männer)	el monasterio	ell monassterjo
Königspalast	el palacio real	ell palaθjo reall
Konzerthalle	la sala de conciertos	la ssala de konθjertoss
Kreuzgang	el claustro	ell klausstro
Markt	el mercado	ell merkaddo
Messe	la feria	la ferja
Museum	el museo	ell musseo
Opernhaus	el teatro de la ópera	ell teatro de la oppera
Park	el parque	ell parkee
Parlamentsgebäude	el edificio de las Cortes	ell edifiθjo de las kortess
Planetarium	el planetario	ell planetarjo
Platz	la plaza	la plaθa

Rathaus	el ayuntamiento	ell ajuntamjento
Ruinen	las ruinas	lass r^{u}innass
Schloß	el castillo	ell kasstiljo
Stadion	el estadio	ell esstaddjo
Stadtmauern	las murallas	lass muraljass
Stadtzentrum	el centro de la ciudad	ell θentro de la θjudadd
Statue	la estatua	la esstatt^{u}a
Theater	el teatro	ell teatro
Tor	la puerta	la p^{u}erta
Turm	la torre	la torree
Universität	la universidad	la uniberssidadd
Zoo	el zoológico	ell θoolochiko

Eintritt *Entrada*

Ist... sonntags geöffnet?	¿Está... abierto(a) los domingos?	essta... abjerto(a) loss domingoss
Welches sind die Öffnungszeiten?	¿Cuáles son las horas de apertura?	k^{u}alless ssonn lass orass de apertura
Wann schließt es?	¿A qué hora cierran?	a ke ora θjerrann
Was kostet der Eintritt?	¿Cuánto cuesta la entrada?	k^{u}anto k^{u}essta la entradda
Gibt es Ermäßigung für...?	¿Hay alguna reducción para...?	ai algunna redukθjonn para
Behinderte	incapacitados	inkapaθitadoss
Gruppen	grupos	grupposs
Kinder	niños	ninjoss
Rentner	jubilados	chubiladdoss
Studenten	estudiantes	esstudjantess
Haben Sie einen Führer (in Deutsch)?	¿Tiene usted una guía (en alemán)?	tjennee usstedd unna gia (enn alemann)
Kann ich einen Katalog kaufen?	¿Puedo comprar un catálogo?	p^{u}eddo komprar unn katallogo
Darf man fotografieren?	¿Se pueden tomar fotografías?	sse p^{u}edden tomar fotografiass

ENTRADA LIBRE — EINTRITT FREI
PROHIBIDO TOMAR FOTOGRAFIAS — FOTOGRAFIEREN VERBOTEN

Wer – Was – Wann? ¿Quién – Qué – Cuándo?

Was für ein Gebäude ist das?	¿Qué es ese edificio?	ke ess essee edifiθjo
Wer war der…?	¿Quién fue…?	kjenn fᵘe
Architekt	el arquitecto	ell arkitekto
Bildhauer	el escultor	ell esskultor
Künstler(in)	el (la) artista	ell (la) artissta
Maler(in)	el (la) pintor(a)	ell (la) pintor(a)
Wer hat es gebaut?	¿Quién lo construyó?	kjenn lo konsstrujo
Wer hat dieses Bild/dieses Fresko gemalt?	¿Quién pintó ese cuadro/ese fresco?	kjenn pinto essee kᵘadro/essee fressko
Wann hat er gelebt?	¿En qué época vivió?	enn ke eppoka bibjo
Wann wurde es gebaut?	¿Cuándo se construyó?	kᵘando sse konsstrujo
Wo ist das Haus, in dem… lebte?	¿Dónde está la casa en que vivió…?	dondee essta la kassa enn ke bibjo
Gibt es Führungen?	¿Hay visitas guiadas?	ai bissittass giaddass
Wir interessieren uns für…	Nos interesa(n)…	noss interessa(n)
Antiquitäten	las antigüedades	lass antigᵘedaddess
Archäologie	la arqueología	la arkeolochia
Architektur	la arquitectura	la arkitektura
romanisch	románica	romannika
gotisch	gótica	gottika
barock	barroca	barrokka
modern	moderna	moderna
Bildhauerei	la escultura	la esskultura
Botanik	la botánica	la botannika
Geologie	la geología	la cheolochia
Geschichte	la historia	la isstorja
Keramik	la cerámica	la θerammika
Kunst	el arte	ell artee
Kunsthandwerk	la artesanía	la artessania
Malerei	la pintura	la pintura
Medizin	la medicina	la mediθiinna
Möbel	los muebles	loss mᵘebless
Mode	la moda	la modda

Münzenkunde	la numismática	la numismattika
Musik	la música	la mussika
Naturgeschichte	la historia natural	la isstorja naturall
Religion	la religión	la relichjonn
Politik	la política	la polittika
Töpferei	la alfarería	la alfareria
Vogelkunde	la ornitología	la ornitolochia
Völkerkunde	la etnología	la etnolochia
Zoologie	la zoología	la θoolochia

Es ist...	Es...	ess
eindrucksvoll	impresionante	impressjonantee
erstaunlich	asombroso	assombrosso
großartig	imponente	imponentee
häßlich	feo	feo
herrlich	magnífico	magniffiko
hübsch	bonito, lindo	bonitto, lindo
interessant	interesante	interessantee
schön	hermoso	ermosso
schrecklich	terrible	terriblee
seltsam	extraño	extranjo
toll	estupendo	esstupendo

Gottesdienste *Servicios religiosos*

Gibt es hier eine...?	¿Hay una... aquí?	ai unna... aki
evangelische Kirche	iglesia protestante	iglessja protestantee
katholische Kirche	iglesia católica	iglessja katollika
Moschee	mezquita	meθkitta
Synagoge	sinagoga	ssinagogga
Um wieviel Uhr beginnt...?	¿A qué hora es...?	a ke ora ess
Gottesdienst	el culto	ell kulto
Messe	la misa	la missa
Wo finde ich einen deutschsprechenden...?	¿Dónde puedo encontrar un... que hable alemán?	dondee p^{u}eddo enkontrar unn... ke ablee alemann
Pfarrer/Priester/ Rabbiner	pastor protestante/ sacerdote/rabino	passtor protestantee/ ssaθerdottee/rabinno
Ich möchte die Kirche besichtigen.	Quisiera visitar la iglesia.	kissjera bissitar la iglessja
Darf man fotografieren?	¿Se pueden tomar fotografías?	sse p^{u}edden tomar fotografiass

Auf dem Land *En el campo*

Gibt es eine landschaftlich schöne Straße nach...?	¿Hay una carretera panorámica a...?	ai unna karretera panorammika a
Wie weit ist es bis...?	¿Qué distancia hay hasta...?	ke disstanθja ai assta
Können wir zu Fuß gehen?	¿Podemos ir a pie?	podemmoss ir a pjee
Wie hoch ist dieser Berg?	¿Qué altura tiene esa montaña?	ke altura tjennee essa montanja
Was für ein(e)... ist das?	¿Cómo se llama...?	kommo sse ljamma
Baum/Blume/ Pflanze/Tier/Vogel	ese árbol/esa flor/ esa planta/ese animal/ese pájaro	esse arboll/essa flor/ essa planta/esse animall/ esse pacharo

Bach	el arroyo	ell arrojo
Bauernhof	la granja	la grancha
Bergspitze	el pico	ell pikko
Brücke	el puente	ell p^uentee
Dorf	el pueblo	ell p^ueblo
Feld	el campo	ell kampo
Fluß	el río	ell rio
Garten	el jardín	ell chardinn
Grotte	la gruta	la grutta
Höhle	la cueva	la k^uebba
Hügel	la colina	la kolinna
Kanal	el canal	ell kanall
Klippe	el acantilado	ell akantiladdo
Mauer	el muro	ell muro
Meer	el mar	ell mar
Paß	el paso	ell passo
Quelle	el manantial	ell manantjall
See	el lago	ell laggo
Straße	la carretera	la karretera
Tal	el valle	ell baljee
Teich	el estanque	ell esstankee
Wald	el bosque	ell bosskee
Wasserfall	la cascada	la kasskadda
Weg	el camino	ell kaminno
Weinberg	el viñedo	ell binjeddo
Wiese	el prado	ell praddo

WEG – RICHTUNG, Seite 76

Unterhaltung

In den meisten Städten gibt es in Hotels, am Kiosk oder bei Fremdenverkehrsämtern Veranstaltungskalender.

Haben Sie einen Veranstaltungskalender?	¿Tiene usted una cartelera de espectáculos?	tjennee usstedd unna kartelera de esspektakkuloss
Wann beginnt...?	¿A qué hora empieza...?	a ke ora empjeθa
Aufführung	la representación	la repressentaθjonn
Film	la película	la pelikkula
Konzert	el concierto	ell konθjerto
Vorstellung	la función	la funθjonn
Wie lange wird es dauern?	¿Cuánto tardará?	kuanto tardara
Wo ist der Kartenverkauf?	¿Dónde está la venta de localidades?	dondee essta la benta de lokalidaddess

Kino – Theater *Cine – Teatro*

Was läuft heute abend im Kino?	¿Qué ponen en el cine esta noche?	ke ponnen enn ell θinnee essta notschee
Was wird im...-Theater gegeben?	¿Qué ponen en el teatro...?	ke ponnen enn ell teatro
Was für ein Stück ist es?	¿Qué clase de pieza es?	ke klassee de pjeθa ess
Von wem ist es?	¿De quién es?	de kjenn ess
Können Sie mir... empfehlen?	¿Puede usted recomendarme...?	puedee usstedd rekomendarmee
(guten) Film	una (buena) película	unna (buenna) pelikkula
Komödie	una comedia	unna komeddja
Musical	una comedia musical	unna komeddja mussikall
Wo wird der Film von... gezeigt?	¿Dónde dan la película de...?	dondee dann la pelikkula de
Mit welchen Schauspielern?	¿Quiénes son los actores?	kjenness ssonn loss aktoress
Wer spielt die Hauptrolle?	¿Quién es el/la protagonista?	kjenn ess ell/la protagonisssta

SPORTVERANSTALTUNGEN, Seite 90

Wer ist der Regisseur?	¿Quién es el director de escena?	kjenn ess ell direktor de essθenna
Ist es eine Freilichtaufführung?	¿Es una representación al aire libre?	ess unna repressentaθjonn all airee libree

Oper-Ballett-Konzert *Opera-Ballet-Concierto*

Können Sie mir... empfehlen?	¿Puede recomendarme...?	p^{u}eddee rekomendarmee
Ballett	un ballet	unn bale
Konzert	un concierto	unn konθjerto
Oper	una ópera	unna oppera
Operette	una opereta	unna operetta
Wo ist das Opernhaus/die Konzerthalle?	¿Dónde está el teatro de la ópera/la sala de conciertos?	dondee essta ell teatro de la oppera/la ssalla de konθjertoss
Was wird heute abend in der Oper gegeben?	¿Qué dan en la ópera esta noche?	ke dann enn la oppera essta notschee
Wer singt/tanzt?	¿Quién canta/baila?	kjenn kanta/bailla
Welches Orchester spielt?	¿Qué orquesta toca?	ke orkessta tokka
Was wird gespielt?	¿Qué tocan?	ke tokkan
Wer ist Dirigent/Solist?	¿Quién es el director de orquesta/solista?	kjenn ess ell direktor de orkessta/ssolissta

Karten *Localidades*

Gibt es noch Karten für heute abend?	¿Quedan localidades para esta noche?	keddan lokalidaddess para essta notschee
Was kosten die Plätze?	¿Cuánto valen las localidades?	k^{u}anto ballen lass lokalidaddess
Ich möchte 2 Plätze vorbestellen...	Quisiera reservar 2 localidades...	kissjera resserbar 2 lokalidaddess
für Freitag(abend)	para la función del viernes por la noche	para la funθjonn dell bjerness por la notschee
für die Nachmittagsvorstellung (am Sonntag)	para la función de la tarde (del domingo)	para la funθjonn de la tardee (dell domingo)

WOCHENTAGE, Seite 153

Ich möchte einen Platz...	Quisiera una localidad...	kissjera unna lokalidadd
auf dem Balkon	de galería	de galeria
im Parkett	de platea	de platea
in der zweiten Reihe	en la segunda fila	enn la ssegunda filla
im ersten Rang	de primer piso	de primer pisso
Nicht zu weit hinten.	No muy atrás.	no muj atrass
Irgendwo in der Mitte.	En algún lugar en el medio.	enn algunn lugar enn ell meddjo
Kann ich bitte ein Programm haben?	¿Me da un programa, por favor?	me da unn programma por fabor
Wo ist die Garderobe?	¿Dónde está el guardarropa?	dondee essta ell g^{u}ardarroppa

---

Lo siento, las localidades están agotadas.	Bedaure, es ist alles ausverkauft.
Sólo quedan algunas localidades de galería.	Es gibt nur noch ein paar Plätze auf dem Balkon.
¿Puedo ver su entrada?	Ihre Karte, bitte.

Nachtklubs *Centros nocturnos*

Können Sie mir einen guten Nachtklub empfehlen?	¿Puede recomendarme un buen centro nocturno?	p^{u}eddee rekomendarmee unn b^{u}enn θentro nokturno
Um wieviel Uhr beginnt die Vorstellung?	¿A qué hora empieza el espectáculo?	a ke ora empjeθa ell esspektakkulo
Ist Abendgarderobe nötig?	¿Se necesita traje de noche?	sse neθessitta trachee de notschee

Diskotheken *Discotecas*

Gibt es hier eine Diskothek?	¿Hay alguna discoteca en la ciudad?	ai algunna disskotekka enn la θjudadd
Möchten Sie tanzen?	¿Quiere usted bailar?	kjeree usstedd bailar

Flamenco

Flamenco ist ursprünglich der Tanz Andalusiens; jede andere Region hat ihre eigenen typischen Tänze. Man unterscheidet zwei Arten von Gesang: der *cante jondo* ist Ausdruck eines schwermütig-dramatischen Gefühls. Der *cante chico* dagegen, die beschwingtere Form, wird in den *tablaos de flamenco* (Flamenco-Nachtklubs) dargeboten.

Stierkampf   *La corrida*

Es gibt nichts, was spanischer wäre – und für den Nicht-Spanier schwerer zu verstehen – als die *corrida de toros*.

Die *corrida* ist eigentlich die rituelle Vorbereitung des Stiers auf den Tod – doch auch der Matador (kämpft er zu Fuß, heißt er *torero*, zu Pferd, dann *rejoneador*) riskiert bei jedem Auftritt sein Leben. Im ersten *tercio* (Drittel) des Kampfes wird der in die Arena stürmende Bulle von Gehilfen umhergejagt und vom Matador mit Hilfe der gelbroten *capa* ermüdet. Im zweiten *tercio* bohrt der berittene *picador* seine Lanze wiederholt in die Schultermuskeln des Stiers, und die flinken *banderilleros* stoßen dem Tier mit Widerhaken versehene, etwa 70 cm lange *banderillas* in den Nacken. Schließlich kehrt der Matador in die Arena zurück und reizt nun den vom Blutverlust geschwächten Stier nochmals – jetzt mit der ovalen, scharlachroten *muleta*-, bis das Tier für den Todesstoß bereit ist, den ihm der Matador blitzschnell mit dem Degen erteilt.

Die besten Plätze sind *sol y sombra*, zeitweise Sonne, zeitweise Schatten, in den unteren Rängen (*tendido bajo*).

Ich möchte einen Stierkampf sehen.	Quisiera ver una corrida.	kissjera ber unna korridda
Ich möchte einen Platz im Schatten/in der Sonne.	Quisiera una localidad de sombra/de sol.	kissjera unna lokalidadd de ssombra/de ssoll
Ich möchte ein Kissen mieten.	Quisiera alquilar una almohadilla.	kissjera alkilar unna almoadilja

Sport *Deportes*

Fußball und *pelota* sind in Spanien ebenso beliebt wie der Stierkampf. *Pelota*, das unglaublich schnelle baskische Ballspiel (bei den Basken heißt es *jai alai*), wird mit einer Art länglichen Kelle aus Weidengeflecht (*cesta*) gespielt. Der harte Ball wird mit Hilfe der *cesta* kräftig gegen eine Betonwand geschleudert und prallt mit großer Geschwindigkeit zurück. *Pelota* wird meist am späten Nachmittag oder Abend gespielt, und es ist sicher lohnend, sich einige Spiele in einem *frontón* (Spielplatz) anzusehen.

Dank dem ausgezeichneten Klima Spaniens gibt es das ganze Jahr hindurch Sportmöglichkeiten wie Wassersport, Tennis, Golf, Angeln und Reiten.

Sogar skifahren können Sie: in den katalanischen Pyrenäen, in der Sierra Nevada oder im Guadarramagebirge im Norden von Madrid. Ausrüstungen können gemietet werden.

Gibt es irgendeine Sportveranstaltung?	**¿Hay algún concurso deportivo?**	ai algunn konkursso deportibbo
Autorennen	**la carrera de automóviles**	la karrera de automobbiless
Basketball	**el baloncesto**	ell balonθessto
Boxen	**el boxeo**	ell boxeo
Fußball	**el fútbol**	ell futbol
Leichtathletik	**el atletismo ligero**	ell atletismo lichero
Pferderennen	**la carrera de caballos**	la karrera de kabaljoss
Radrennen	**la carrera de bicicletas**	la karrera de biθiklettass
Skirennen	**la carrera de esquís**	la karrera de esskiss
Tennis	**el tenis**	ell tenniss
Volleyball	**el balonvolea**	ell balonbolea

Findet ein Fußballspiel statt?	**¿Hay algún partido de fútbol?**	ai algunn partiddo de futbol
Welche Mannschaften spielen?	**¿Qué equipos juegan?**	ke ekiposs ch^{u}eggan
Was kostet der Eintritt?	**¿Cuánto vale la entrada?**	k^{u}anto ballee la entradda

| Wo ist die (Pferde-) Rennbahn? | ¿Dónde está la pista (el hipódromo)? | dondee essta la pissta (ell ipodromo) |

Und wenn Sie selbst Sport treiben wollen:

Gibt es einen Golfplatz/Tennisplätze?	¿Hay un campo de golf/pistas de tenis?	ai unn kampo de golf/ pisstass de tenniss
Ich möchte Tennis spielen.	Quisiera jugar al tenis.	kissjera chugar all tenniss
Wieviel kostet es pro...?	¿Cuánto cuesta por...?	k^{u}anto k^{u}essta por
Tag/Spiel/Stunde	día/juego/hora	dia/ch^{u}eggo/ora
Kann ich Schläger mieten?	¿Puedo alquilar raquetas?	p^{u}eddo alkilar rakettass

Bergsteigen	el alpinismo	ell alpinismo
Golf	el golf	ell golf
Eislaufen	el patinaje sobre hielo	ell patinachee sobree jello
Joggen	el jogging	ell tschoggin
Radfahren	el ciclismo	ell θiklismo
Reiten	la equitación	la ekitaθjonn
Schwimmen	la natación	la nataθjonn
Segeln	el deporte de vela	ell deportee de bella
Windsurfen	el patín de vela	ell patinn de bella

Kann man hier in der Gegend angeln/ jagen?	¿Hay un buen lugar para pescar/cazar en los alrededores?	ai unn b^{u}enn lugar para pesskar/kaθar enn loss alrededoress
Brauche ich einen Angelschein?	¿Necesito una licencia de pesca?	neθessitto unna liθenθja de pesska
Kann man im See/ Fluß schwimmen?	¿Se puede nadar en el lago/río?	sse p^{u}eddee nadar enn ell laggo/rio
Gibt es hier ein...?	¿Hay una... aquí?	ai unna... aki
Schwimmbad	piscina	pissθinna
Freibad	piscina	pissθinna
Hallenbad	piscina cubierta	pissθinna kubjerta
Ist es geheizt?	¿Tiene calefacción?	tjennee kalefakθjonn
Welche Temperatur hat das Wasser?	¿Cuál es la temperatura del agua?	k^{u}all ess la temperatura dell agg^{u}a

Strand *La playa*

Wie ist der Strand?	¿Cómo es la playa?	kommo ess la plaja
felsig/sandig steinig	rocosa/arenosa pedregosa	rokossa/arenossa pedregossa
Ist es ungefährlich, hier zu schwimmen?	¿Se puede nadar sin peligro?	sse pueddee nadar ssinn peligro
Gibt es einen Bademeister?	¿Hay bañero?	ai banjero
Wie tief ist das Wasser?	¿Qué profundidad tiene el agua?	ke profundidadd tjennee ell aggua
Es gibt hohe Wellen.	Hay olas muy grandes.	ai ollass muj grandess
Gibt es gefährliche Strömungen?	¿Hay alguna corriente peligrosa?	ai algunna korrjentee peligrossa
Wann ist Flut/Ebbe?	¿A qué hora es la marea alta/baja?	a ke ora ess la marea alta/bacha
Ich möchte... mieten.	Quisiera alquilar...	kissjera alkilar
Badekabine	una cabina de baños	unna kabinna de banjoss
Liegestuhl	una silla de lona	unna ssilja de lonna
Motorboot	una motora	unna motora
Ruderboot	una barca de remos	unna barka de remmoss
Segelboot	un velero	unn belero
Sonnenschirm	una sombrilla	unna ssombrilja
Taucherausrüstung	un equipo de buceo	unn ekippo de buθeo
Tretboot	un patín acuático	unn patinn akuattiko
Wasserski	unos equís acuáticos	unnoss esskiss akuattikoss
Windsurfbrett	un patín de vela	unn patinn de bella

PLAYA PARTICULAR	PRIVATSTRAND
PROHIBIDO BAÑARSE	BADEN VERBOTEN

Wintersport *Deporte de invierno*

Ich möchte skifahren.	Quisiera esquiar.	kissjera esskjar
Gibt es Skilifte?	¿Hay telesquís?	ai telesskiss
Ich möchte eine Skiausrüstung mieten.	Quisiera alquilar un equipo de esquí.	kissjera alkilar unn ekippo de esski

Bekanntschaften

Vorstellen *Presentaciones*

Darf ich Ihnen... vorstellen?	**Quisiera presentarle a...**	kissjera pressentarlee a
Ich heiße...	**Me llamo...**	me ljammo
Sehr erfreut.	**Tanto gusto.**	tanto gussto
Wie heißen Sie?	**¿Cómo se llama?**	kommo sse ljamma
Wie geht es Ihnen?	**¿Cómo está usted?**	kommo esstá usstedd
Gut, danke. Und Ihnen?	**Bien, gracias. ¿Y usted?**	bjenn graθjass i usstedd

Näheres Kennenlernen *Continuación*

Wie lange sind Sie schon hier?	**¿Cuánto tiempo lleva usted aquí?**	k^{u}anto tjempo ljebba usstedd aki
Sind Sie zum ersten Mal hier?	**¿Es la primera vez que viene?**	ess la primera beθ ke bjennee
Nein, wir waren schon letztes Jahr hier.	**No, vinimos el año pasado.**	no, binimmoss ell anjo passaddo
Gefällt es Ihnen?	**¿Le gusta aquí?**	le gussta aki
Es gefällt mir sehr.	**Me gusta mucho.**	me gussta mutscho
Die Landschaft gefällt mir sehr.	**Me gusta mucho el paisaje.**	me gussta mutscho ell paissachee
Wie denken Sie über das Land/die Leute?	**¿Qué opina usted del país/de la gente?**	ke opinna usstedd dell paiss/de la chentee
Woher kommen Sie?	**¿De dónde es usted?**	de dondee ess usstedd
Ich bin aus...	**Soy de...**	ssoi de
Was machen Sie beruflich?	**¿Cuál es su ocupación?**	k^{u}all ess ssu okupaθjonn
Wo arbeiten Sie?	**¿Dónde trabaja?**	dondee trabacha
Ich bin Student(in).	**Soy estudiante.**	ssoi esstudjantee
Ich bin auf Geschäftsreise.	**Estoy aquí en viaje de negocios.**	esstoi aki enn bjachee de negoθjoss
Reisen Sie viel?	**¿Viaja mucho?**	bjacha mutscho

LÄNDER, Seite 147

BEKANNTSCHAFTEN

Wo wohnen Sie?	¿Dónde se hospeda?	dondee sse osspedda
Sind Sie alleine hier?	¿Ha venido usted solo(a)?	a beniddo usstedd ssollo(a)
Ich bin mit... hier.	Estoy con...	esstoi konn
meiner Frau	mi mujer	mi mucher
meinem Mann	mi marido	mi mariddo
meinen Eltern	mis padres	miss padress
meiner Familie	mi familia	mi familia
meinen Kindern	mis hijos	miss ichoss
meiner Freundin	mi amiga	mi amigga
meinem Freund	mi amigo	mi amiggo

Großvater/Großmutter	el abuelo/la abuela	ell ab^{u}ello/la ab^{u}ella
Vater/Mutter	el padre/la madre	ell padree/la madree
Sohn/Tochter	el hijo/la hija	ell icho/la icha
Bruder/Schwester	el hermano/la hermana	ell ermanno/la ermanna
Onkel/Tante	el tío/la tía	ell tio/la tia
Neffe/Nichte	el sobrino/la sobrina	ell ssobrinno/la ssobrinna
Cousin/Cousine	el primo/la prima	ell primmo/la primma

Sind Sie verheiratet/ledig?	¿Está casado(a)/soltero(a)?	essta kassaddo(a)/ssoltero(a)

Das Wetter *El tiempo*

Was für ein herrlicher Tag!	¡Qué día tan bueno!	ke dia tan b^{u}enno
Was für ein scheußliches Wetter!	¡Qué tiempo más malo!	ke tjempo mass mallo
Welche Kälte/Hitze!	¡Qué calor/frío hace!	ke kalor/frio aθee
Glauben Sie, daß es morgen... wird?	¿Cree usted que... mañana?	kree usstedd ke... manjanna
schön sein	hará buen tiempo	ara b^{u}enn tjempo
regnen	lloverá	ljobera
schneien	nevará	nebara
Was sagt der Wetterbericht?	¿Qué dice el boletín meteorológico?	ke diθee ell boletinn meteorolochiko

Haciendo amigos

Blitz	el rayo	ell rajo
Donner	el trueno	ell tr^{u}enno
Eis	el hielo	ell jello
Frost	la helada	la eladda
Gewitter	la tormenta	la tormenta
Himmel	el cielo	ell θjello
Mond	la luna	la lunna
Nebel	la niebla	la njebbla
Regen	la lluvia	la ljubbja
Schnee	la nieve	la njebbee
Sonne	el sol	ell ssoll
Stern	la estrella	la esstrelja
Sturm	la tempestad	la tempesstadd
Wind	el viento	ell bjento
Wolke	la nube	la nubbee

Einladungen *Invitaciones*

Möchten Sie am… mit uns zu Abend essen?	¿Quiere usted acompañarnos a cenar el…?	kjeree usstedd akompanjarnoss a θenar ell
Darf ich Sie zum Mittagessen einladen?	¿Puedo invitarle a almorzar?	p^{u}eddo inbitarlee a almorθar
Kommen Sie heute abend auf ein Gläschen zu uns?	¿Puede usted venir a tomar una copa esta noche?	p^{u}eddee usstedd benir a tomar unna koppa essta notsche
Es gibt eine Party. Kommen Sie auch?	Hay un guateque. ¿Quiere venir?	ai unn g^{u}atekkee kjeree benir
Das ist sehr nett von Ihnen.	Es usted muy amable.	ess usstedd muj amablee
Prima, ich komme gerne.	¡Estupendo! Me encantaría ir.	esstupendo me enkantaria ir
Kann ich einen Freund/eine Freundin mitbringen?	¿Puedo llevar a un amigo/una amiga?	p^{u}eddo ljebar a unn amiggo/unna amigga
Wir müssen (jetzt) leider gehen.	Lo siento, tenemos que irnos (ahora).	lo ssjento tenemmoss ke irnoss (aora)
Nächstes Mal müssen Sie uns besuchen.	Otro día tienen que venir ustedes a vernos.	otro dia tjennen ke benir ussteddess a bernoss

Verabredungen *Citas*

Deutsch	Español	Aussprache
Stört es Sie, wenn ich rauche?	¿Le molesta si fumo?	le molessta ssi fummo
Möchten Sie eine Zigarette?	¿Quiere usted un cigarrillo?	kjeree usstedd unn θigarriljo
Können Sie mir Feuer geben, bitte?	¿Tiene usted fuego, por favor?	tjennee usstedd f⁽ᵘ⁾eggo por fabor
Darf ich mich hier hinsetzen?	¿Le importa si me siento aquí?	le importa ssi me ssjento aki
Möchten Sie etwas trinken?	¿Quiere usted beber algo?	kjeree usstedd beber algo
Warten Sie auf jemanden?	¿Está usted esperando a alguien?	essta usstedd essperando a algjen
Möchten Sie heute abend mit mir ausgehen?	¿Quisiera usted salir conmigo esta noche?	kissjera usstedd ssalir konmiggo essta notschee
Möchten Sie tanzen gehen?	¿Quisiera usted ir a bailar?	kissjera usstedd ir a bailar
Sollen wir ins Kino gehen?	¿Quiere que vayamos al cine?	kjeree ke bajammoss all θinnee
Wollen wir eine Ausfahrt machen?	¿Quiere usted dar un paseo en coche?	kjeree usstedd dar unn passeo enn kotschee
Wo treffen wir uns?	¿Dónde nos citamos?	dondee noss θitammoss
Darf ich Sie nach Hause begleiten?	¿Puedo acompañarla hasta su casa?	p⁽ᵘ⁾eddo akompanjarla assta ssu kassa
Kann ich Sie/dich morgen wiedersehen?	¿Puedo verla/verte mañana?	p⁽ᵘ⁾eddo berla/bertee manjanna

... und so wollen Sie vielleicht antworten:

Deutsch	Español	Aussprache
Danke, sehr gerne.	**Me encantaría, gracias.**	me enkantaria graθjass
Vielen Dank, aber ich habe keine Zeit.	**Gracias, pero estoy ocupado(a).**	graθjass pero esstoi okupaddo(a)
Lassen Sie mich bitte in Ruhe!	**¡Déjeme tranquilo(a), por favor!**	dechemee trankillo(a) por fabor
Ich habe mich gut unterhalten.	**Me he divertido mucho.**	me e dibertiddo mutscho

Einkaufsführer

Dieser Einkaufsführer soll Ihnen helfen, leicht und schnell genau das zu finden, was Sie suchen. Er enthält:

1. Eine Liste der wichtigsten Läden und Geschäfte (S. 98).
2. Allgemeine Ausdrücke und Redewendungen fürs Einkaufen (S. 100).
3. Wichtige Geschäfte in Einzelheiten: Unter den folgenden Überschriften finden Sie Ratschläge und alphabetische Listen der Artikel.

		Seite
Apotheke/ Drogerie	Medikamente, Erste Hilfe, Kosmetika, Toilettenartikel	104
Bekleidung	Kleidung und Zubehör, Schuhe	108
Buchhandlung/ Schreibwaren	Bücher, Schreibwaren, Zeitschriften, Zeitungen	115
Camping	Campingausrüstung	117
Elektrogeschäft	Geräte und Zubehör	119
Fotogeschäft	Fotoapparate, Filme, Entwickeln, Zubehör	120
Juwelier/ Uhrmacher	Schmuck, Uhren, Reparaturen	122
Lebensmittelgeschäft	einige allgemeine Redewendungen, Maße, Gewichte und Verpackung	124
Optiker	Brillen, Kontaktlinsen, Ferngläser	125
Tabakladen	Tabakwaren und Rauchutensilien	126
Verschiedenes	Andenken, Schallplatten, Kassetten, Spielwaren	127

Geschäfte und Läden *Comercios y tiendas*

Die meisten Läden sind zwischen 9.30 und 13.30 sowie 16 und 20 Uhr geöffnet.

Wann öffnet/ schließt...?	¿A qué hora abre/ cierra...?	a ke ora abree/ θjerra
Andenkenladen	la tienda de objetos de regalo	la tjenda de obchettoss de regallo
Antiquitätengeschäft	la tienda de antigüedades	la tjenda de antigᵘedaddess
Apotheke	la farmacia	la farmaθja
Bäckerei	la panadería	la panaderia
Blumengeschäft	la florería	la floreria
Buchhandlung	la librería	la libreria
Drogerie	la droguería	la drogeria
Einkaufszentrum	el centro comercial	ell θentro komerθjall
Eisenwarenhandlung	la ferretería	la ferreteria
Elektrogeschäft	la tienda de artículos eléctricos	la tjenda de artikkuloss elektrikoss
Fischhandlung	la pescadería	la pesskaderia
Fleischerei	la carnicería	la karniθeria
Fotogeschäft	la tienda de artículos fotográficos	la tjenda de artikkuloss fotograffikoss
Gebrauchtwarenladen	la tienda de artículos de segunda mano	la tjenda de artikkuloss de ssegunda manno
Gemüsehandlung	la verdulería	la berduleria
Juwelier	la joyería	la chojeria
Kleidergeschäft	la tienda de ropa	la tjenda de roppa
Konditorei	la pastelería	la passteleria
Kurzwarenhandlung	la mercería	la merθeria
Lebensmittelgeschäft	la tienda de comestibles	la tjenda de komesstibless
Lederwarengeschäft	la tienda de artículos de cuero	la tjenda de artikkuloss de kᵘero
Markt	el mercado	ell merkaddo
Metzgerei	la carnicería	la karniθeria
Musikalienhandlung	la tienda de artículos musicales	la tjenda de artikkuloss mussikaless
Optiker	el óptico	ell optiko
Pelzgeschäft	la peletería	la peleteria
Reformhaus	la tienda de productos dietéticos	la tjenda de produktoss djetettikoss
Schreibwarenhandlung	la papelería	la papeleria
Schuhgeschäft	la zapatería	la θapateria

UHRZEIT, Seite 155

Deutsch	Spanisch	Aussprache
Spielwarengeschäft	la juguetería	la chugetería
Spirituosenhandlung	la tienda de licores	la tjenda de likoress
Sportgeschäft	la tienda de artículos de deportes	la tjenda de artikkuloss de deportess
Stoffladen	la tienda de tejidos	la tjenda de techiddoss
Supermarkt	el supermercado	ell ssupermerkaddo
Süßwarenladen	la dulcería	la dulθeria
Tabakladen	el estanco	ell esstanko
Uhrengeschäft	la relojería	la relocheria
Warenhaus	los grandes almacenes	loss grandess almaθenness
Weinhandlung	la tienda de vinos	la tjenda de binnoss
Zeitungsstand	el quiosco de periódicos	ell kjossko de perjoddikoss

LIQUIDACION	AUSVERKAUF
REBAJAS	SCHLUSSVERKAUF

Weitere nützliche Adressen *Otras direcciones útiles*

Deutsch	Spanisch	Aussprache
Bank	el banco	ell banko
Bibliothek	la biblioteca	la bibljotekka
chemische Reinigung	la tintorería	la tintoreria
Damenschneider(in)	el (la) modisto(a)	ell (la) modissto(a)
Fotograf	el fotógrafo	ell fotografo
Friseur (Damen)	la peluquería	la pelukeria
Friseur (Herren)	la barbería	la barberia
Fundbüro	la oficina de objetos perdidos	la ofiθinna de obchettoss perdiddoss
Herrenschneider	el sastre	ell ssasstree
Kosmetiksalon	el salón de belleza	ell ssalonn de beljeθa
Kunstgalerie	la galería de arte	la galeria de artee
Polizeiwache	la comisaría de policía	la komissaria de poliθia
Postamt	la oficina de correos	la ofiθinna de korreoss
Reisebüro	la agencia de viajes	la achenθja de bjachess
Schuhmacher	el zapatero	ell θapatero
Tierarzt	el veterinario	ell beterinarjo
Uhrmacher	el relojero	ell relochero
Wäscherei	la lavandería	la labanderia
Waschsalon	la lavandería de autoservicio	la labanderia de autosserbiθjo

WÄSCHEREI, Seite 29/FRISEUR, Seite 30

Allgemeine Redewendungen *Locuciones generales*

Wo? *Dónde?*

Wo kann ich... kaufen?	¿Dónde puedo comprar...?	dondee pueddo komprar
Wo ist das Haupteinkaufsviertel?	¿Dónde está el barrio comercial principal?	dondee essta ell barrjo komerθjall prinθipall
Gibt es hier ein Warenhaus?	¿Hay unos grandes almacenes aquí?	ai unnoss grandess almaθenness aki
Wie komme ich dorthin?	¿Cómo puedo llegar allí?	kommo pueddo ljegar alji

Bedienung *Servicio*

Können Sie mir helfen?	¿Puede usted atenderme?	pueddee usstedd atendermee
Ich suche...	Estoy buscando...	esstoi busskando
Ich sehe mich nur um.	Estoy sólo mirando.	esstoi ssollo mirando
Ich möchte...	Quisiera...	kissjera
Haben/Verkaufen Sie...?	¿Tiene/¿Vende usted...?	tjennee/bendee usstedd
Können Sie mir ...zeigen?	¿Puede usted enseñarme...?	pueddee usstedd enssenjarmee
dies hier/das da	esto/eso	essto/esso
das im Schaufenster/ in der Vitrine	el del escaparate/ de la vitrina	ell dell esskaparattee/ de la bitrinna

Beschreibung des Artikels *Descripción del artículo*

Es sollte... sein.	Debe ser...	debbee sser
elegant	elegante	elegantee
leicht	ligero	lichero
modern	moderno	moderno
originell	original	orichinall
robust	robusto	robussto
Ich möchte nichts zu Teures.	No quiero algo muy caro.	no kjero algo muj karo

WEG – RICHTUNG, Seite 76

breit/schmal	**ancho/estrecho**	antscho/esstretscho
lang/kurz	**largo/corto**	largo/korto
oval	**ovalado**	obalado
rechteckig	**rectangular**	rektangular
rund	**redondo**	redondo
viereckig	**cuadrado**	k^{u}adraddo

Ich hätte lieber... *Prefiero...*

Können Sie mir noch etwas anderes zeigen?	**¿Puede usted enseñarme algo más?**	p^{u}eddee usstedd enssenjarmee algo mass
Es ist zu...	**Es demasiado...**	ess demassjaddo
groß/klein	**grande/pequeño**	grandee/pekenjo
hell/dunkel	**claro/oscuro**	klaro/osskuro

Wieviel? *¿Cuánto?*

Was kostet das?	**¿Cuánto cuesta?**	k^{u}anto k^{u}essta
Ich verstehe nicht.	**No entiendo.**	no entjendo
Schreiben Sie es bitte auf.	**Escríbalo, por favor.**	esskribbalo por fabor
Ich will nicht mehr als... Peseten ausgeben.	**No quiero gastar más de... pesetas.**	no kjero gasstar mass de... pessettass

Entscheidung *Decisión*

Ich nehme es.	**Me lo llevo.**	me lo ljebbo
Das gefällt mir nicht.	**No me gusta.**	no me gussta
Die Farbe/Form gefällt mir nicht.	**El color/la forma no me gusta.**	ell kolor/la forma no me gussta
Es ist nicht ganz das, was ich möchte.	**No es realmente lo que quiero.**	no ess realmentee lo ke kjero

Sonst noch etwas? *¿Algo más?*

| Nein danke, das ist alles. | **No gracias, eso es todo.** | no graθjass esso ess toddo |
| Ja, ich möchte... | **Sí, quisiera...** | si kissjera |

FARBEN, Seite 109

Bestellen *Encargar*

| Können Sie es für mich bestellen? | ¿Puede usted encargarlo para mí? | pueddee usstedd enkargarlo para mi |
| Wie lange dauert es? | ¿Cuánto tardará? | kuanto tardara |

Lieferung *Entrega*

Ich nehme es mit.	Me lo llevo.	me lo ljebbo
Liefern Sie es ins Hotel...	Entréguelo al hotel...	entreggelo all otell
Schicken Sie es bitte an diese Adresse.	Por favor, mándelo a estas señas.	por fabor mandelo a esstass ssenjass
Werde ich beim Zoll Schwierigkeiten haben?	¿Tendré alguna dificultad con la aduana?	tendre algunna difikultadd konn la aduanna

Bezahlen *Pagar*

Was kostet es?	¿Cuánto es?	kuanto ess
Wo ist die Kasse?	¿Dónde está la caja?	dondee esstá la kacha
Kann ich mit... zahlen?	¿Puedo pagar con...?	pueddo pagar konn
Eurocheque	eurocheque	eurotschekkee
Kreditkarte	la tarjeta de crédito	la tarchetta de kreddito
Nehmen Sie ausländisches Geld?	¿Acepta usted moneda extranjera?	aθepta usstedd monedda extranchera
Muß ich Mehrwertsteuer zahlen?	¿Tengo que pagar el I.V.A.?	tengo ke pagar ell ibba
Ich glaube, Sie haben sich verrechnet.	Creo que se ha equivocado en la cuenta.	kreo ke sse a ekibokaddo enn la kuenta
Kann ich eine Quittung haben?	¿Puede darme un recibo?	pueddee darmee unn reθibbo
Kann ich bitte ein Tragetasche haben?	¿Puede darme una bolsa?	pueddee darmee unna bolssa
Würden Sie es mir bitte einpacken?	¿Me hace el favor de envolverlo?	me aθee ell fabor de enbolberlo

¿En qué puedo ayudarle?	Kann ich Ihnen helfen?
¿Qué desea?	Was wünschen Sie?
Lo siento. No lo tenemos.	Das haben wir leider nicht.
Se nos ha agotado.	Das haben wir nicht vorrätig.
¿Quiere que se lo encarguemos?	Sollen wir es bestellen?
Son... pesetas, por favor.	Das macht... Peseten, bitte.

Unzufrieden? *Descontento?*

Kann ich das umtauschen?	¿Puedo cambiar esto?	p^ueddo kambjar essto
Ich möchte das zurückgeben.	Quisiera devolver esto.	kissjera debolber essto
Ich möchte das Geld zurückerstattet haben.	Quisiera que me devolviesen el dinero.	kissjera ke me debolbjessen ell dinero
Hier ist die Quittung.	Aquí está el recibo.	aki essta ell reθibbo

Im Warenhaus *En los grandes almacenes*

Wo ist...?	¿Dónde está...?	dondee essta
In welcher Abteilung?	¿En qué departamento?	enn ke departamento
Auf welchem Stockwerk?	¿En qué piso?	enn ke pisso
Wo ist...?	¿Dónde está...?	dondee essta
Aufzug	el ascensor	ell assθenssor
Rolltreppe	la escalera mecánica	la esskalera mekannika
Treppe	la escalera	la esskalera

ENTRADA	EINGANG
SALIDA	AUSGANG
SALIDA DE EMERGENCIA	NOTAUSGANG

Apotheke – Drogerie *Farmacia – Droguería*

Die Apotheken (*farmacias*) sind während der üblichen Geschäftszeiten geöffnet. An der Tür finden Sie gewöhnlich einen Hinweis auf die nächste Nachtdienst-Apotheke. Für den Einkauf von Kosmetik- und Toilettenartikeln wenden Sie sich am besten an eine *perfumería* (perfume*ría*).

Zur besseren Übersicht ist dieses Kapitel in zwei Teile gegliedert:

1. Arzneien, Medikamente, Erste Hilfe
2. Kosmetik- und Toilettenartikel

Allgemeines *Locuciones básicas*

Wo ist die nächste Apotheke (mit Nachtdienst)?	¿Dónde está la farmacia (de guardia) más cercana?	dondee essta la farmaθja (de gᵘardja) mass θerkanna
Um wieviel Uhr öffnet/schließt die Apotheke?	¿A qué hora abre/cierra la farmacia?	a ke ora abree/θjerra la farmaθja

1. Arzneien *Productos farmacéuticos*

Ich möchte etwas gegen...	Quisiera algo para...	kissjera algo para
Erkältung	un resfriado	unn ressfrjaddo
Fieber	la fiebre	la fjebree
Heuschnupfen	la fiebre del heno	la fjebree dell enno
Husten	la tos	la toss
Insektenstiche	las picaduras de insectos	lass pikadurass de inssektoss
Kopfschmerzen	los dolores de cabeza	loss doloress de kabeθa
Magenschmerzen	los dolores de estómago	loss doloress de esstommago
Reisekrankheit	el mareo	ell mareo
Sonnenbrand	las quemaduras del sol	lass kemadurass dell ssoll
Verdauungsstörungen	las indigestiones	lass indichesstjonness
Haben Sie homöopathische Mittel?	¿Tiene usted remedios homeopáticos?	tjennee usstedd remeddjoss omeopattikoss

ARZT, Seite 137

Ich möchte...	Quisiera...	kissjera
Abführmittel	un laxante	unn laxantee
Aspirin	aspirina	asspirinna
Augentropfen	gotas para los ojos	gottass para loss ochoss
Damenbinden	paños higiénicos	panjoss ichjennikoss
Desinfektionsmittel	un desinfectante	unn dessinfektantee
elastische Binde	una venda elástica	unna benda elasstika
Fieberthermometer	un termómetro	un termommetro
Gaze	gasa	gassa
Halspastillen	pastillas para la garganta	passtiljass para la garganta
Heftpflaster	esparadrapo	essparadrappo
Hühneraugenpflaster	unos callicidas	unnoss kaljiθiddass
Hustensirup	un jarabe contra la tos	unn charabbee kontra la toss
Insektenschutz	un repelente para insectos	unn repelentee para inssektoss
Jod	yodo	joddo
Nasentropfen	gotas nasales	gottass nassalless
Präservative	unos preservativos	unnoss presserbatibboss
...salbe	un ungüento para...	unn ungᵘento para
Schlafmittel	un somnífero	unn ssomniffero
Schmerzmittel	un analgésico	unn analchessiko
...tabletten	unos comprimidos para...	unnoss komprimiddoss para
Tampons	unos tampones	unnoss tamponness
Verband	una venda	unna benda
Verbandmull	gasa	gassa
Verhütungsmittel	unos anticonceptivos	unnoss antikonθeptibboss
Vitamine	vitaminas	bitaminnass
Brausetabletten	unos comprimidos efervescentes	unnoss komprimiddoss eferbeθentess
Watte	algodón	algodonn
Wundsalbe	una crema antiséptica	unna kremma antisseptika
Zäpfchen	unos supositorios	unnoss ssupossitorjoss

VENENO	GIFT
SOLO PARA USO EXTERNO	NICHT EINNEHMEN

KÖRPERTEILE, Seite 138

2. Kosmetik- und Toilettenartikel *Artículos de tocador*

Ich hätte gern...	**Quisiera...**	kissjera
Abschminkwatte	**unas toallitas de maquillaje**	unnass toaljittass de makiljachee
Augenbrauenstift	**un lápiz de ojos**	unn lappiθ de ochoss
Badesalz	**unas sales de baño**	unnass ssales de banjo
Creme	**una crema**	unna kremma
Feuchtigkeitscreme	**crema hidratante**	kremma idratantee
Nachtcreme	**crema de noche**	kremma de notschee
Reinigungscreme	**crema limpiadora**	kremma limpjadora
Tagescreme	**crema de día**	kremma de dia
Unterlagencreme	**crema de maquillaje**	kremma de makiljachee
Deodorant	**un desodorante**	unn dessodorantee
Gesichtspuder	**polvos para la cara**	polboss para la kara
Haarentfernungsmittel	**un depilatorio**	unn depilatorjo
Handcreme	**una crema para las manos**	unna kremma para lass mannoss
Kölnisch Wasser	**agua de Colonia**	agg^{u}a de kolonja
Körpermilch	**una loción para el cuerpo**	unna loθjonn para ell k^{u}erpo
Körperpuder	**polvos de talco**	polboss de talko
Lidschatten	**una sombra de ojos**	unna ssombra de ochoss
Lidstift	**un perfilador de ojos**	unn perfilador de ochoss
Lippenpomade	**cacao para los labios**	kakao para loss labbjoss
Lippenstift	**un lápiz de labios**	unn lappiθ de labbjoss
Mundwasser	**enjuague bucal**	ench^{u}aggee bukall
Nagelbürste	**un cepillo de uñas**	unn θepiljo de unjass
Nagelfeile	**una lima de uñas**	unna limma de unjass
Nagellack	**esmalte para uñas**	esmaltee para unjass
Nagellackentferner	**quitaesmalte**	kitaesmaltee
Nagelschere	**tijeras de uñas**	ticherass de unjass
Nagelzange	**un cortauñas**	unn kortaunjass
Papiertaschentücher	**pañuelos de papel**	panj^{u}elloss de papell
Parfüm	**un perfume**	unn perfummee
Pinzette	**unas pinzas**	unnass pinθass
Puder	**polvos**	polboss
Rasierapparat	**una maquinilla de afeitar**	unna makinilja de afejtar
Rasiercreme/-schaum	**una crema/una espuma de afeitar**	unna kremma/unna esspumma de afejtar
Rasierklingen	**hojas de afeitar**	ochass de afejtar

Rasierpinsel	**una brocha de afeitar**	unna **brotscha de afejtar**
Rasierwasser	**una loción para después del afeitado**	unna lo**θ**jonn para dessp^{u}ess dell afej**t**addo
Rouge	**colorete**	kolorettee
Schaumbad	**baño de espuma**	banjo de esspumma
Schwamm	**una esponja**	unna essponcha
Seife	**jabón**	chabonn
Sicherheitsnadeln	**unos imperdibles**	unnoss imperdibless
Sonnencreme	**una crema solar**	unna kremma ssolar
Sonnenöl	**aceite bronceador**	a**θ**ejttee bron**θ**eador
Toilettenpapier	**papel higiénico**	papell ichjenniko
Wimperntusche	**pintura de pestañas**	pintura de pesstanjass
Zahnbürste	**un cepillo de dientes**	unn **θ**epiljo de djentess
Zahnpasta	**pasta de dientes**	passta de djentess

Für Ihr Haar *Para su cabello*

Haarbürste	**un cepillo para el pelo**	unn **θ**epiljo para ell pello
(Haar)färbemittel	**un tinte (para el cabello)**	unn tintee (para ell kabeljo)
Haarfestiger	**un fijador**	unn fichador
Haarklemmen	**unas horquillas de pinza**	unnass orkiljass de pin**θ**a
Haarnadeln	**unas horquillas**	unnass orkiljass
Haarspange	**un pasador**	unn passador
Haarspray	**una laca**	unna lakka
Haarwasser	**una loción capilar**	unna lo**θ**jonn kapilar
Kamm	**un peine**	unn pejnnee
Lockenwickler	**unos rulos**	unnoss rulloss
Perücke	**una peluca**	unna pelukka
Shampoo	**un champú**	unn tschampu
gegen Schuppen	**contra la caspa**	kontra la kasspa
Trockenshampoo	**seco**	ssekko
Tönungsmittel	**tintes para el pelo**	tintess para ell pello

Für den Säugling *Para el bebé*

Saugflasche	**un biberón**	unn biberonn
Säuglingsnahrung	**alimentos para bebé**	alimentoss para bebe
Schnuller	**un chupete**	unn tschupettee
Windeln	**unos pañales**	unnoss panjalless

Bekleidung *Ropa*

Sehen Sie sich die Liste auf Seiten 112/113 an und überlegen Sie sich die gewünschte Größe, Farbe und Stoff. Die nötigen Angaben finden Sie auf den folgenden Seiten.

Allgemeines *Locuciones básicas*

Wo ist ein gutes ...-Kleidergeschäft?	¿Dónde hay una buena tienda de ropa...?	dondee ai unna bⁿenna tjenda de roppa
Damen-	para señoras	para ssenjorass
Herren-	para señores	para ssenjoress
Kinder-	para niños	para ninjoss
Gibt es in der Nähe eine Kleiderboutique?	¿Hay una boutique de ropa cerca de aquí?	ai unna butikk de roppa θerka de aki
Ich möchte einen Pullover...	Quisiera un jersey...	kissjera unn cherssei
für mich	para mí	para mi
für eine Frau/einen Mann/ein Kind	para una señora/un caballero/un niño	para unna ssenjora/unn kabaljero/unn ninjo
für einen Jungen/ein Mädchen (von 10 Jahren)	para un niño/una niña (de 10 años)	para unn ninjo/unna ninja (de 10 anjoss)
Der im Schaufenster gefällt mir.	Me gusta el que está en el escaparate.	me gussta ell ke essta enn ell esskaparattee
Ich möchte etwas in dieser Art.	Quisiera algo como esto.	kissjera algo kommo essto

Größe *Talla*

Ich habe Größe 38.	Mi talla es 38.	mi talja ess 38
Ich kenne die spanischen Größen nicht.	No conozco las tallas españolas.	no konoθko lass taljass esspanjollass
Können Sie mir Maß nehmen?	¿Puede usted tomarme la medida?	pⁿeddee usstedd tomarmee la medidda

groß	grande	grandee
mittel	medio	meddjo
klein	pequeño	pekenjo

KLEIDUNGSSTÜCKE UND ZUBEHÖR, Seite 112

Farbe *Color*

Deutsch	Español	[Aussprache]
Ich möchte...	**Quisiera...**	kissjera
einen helleren Ton	**un tono más claro**	unn tonno mass klaro
einen dunkleren Ton	**un tono más oscuro**	unn tonno mass osskuro
etwas hierzu Passendes	**algo que haga juego con esto**	algo ke agga ch^{u}eggo konn essto
etwas Buntes	**algo multicolor**	algo multikolor
Ich möchte eine andere Farbe/dieselbe Farbe wie...	**Quisiera otro color/ el mismo color que...**	kissjera otro kolor/ ell mismo kolor ke
Die Farbe gefällt mir nicht.	**No me gusta el color.**	no me gussta ell kolor

beige	**beige**	bejsch
blau	**azul**	aθull
braun	**marrón**	marronn
gelb	**amarillo**	amariljo
goldfarben	**dorado**	doraddo
grau	**gris**	griss
grün	**verde**	berdee
lila	**malva**	malba
orange	**naranja**	narancha
rosa	**rosa**	rossa
rot	**rojo**	rocho
schwarz	**negro**	negro
silbern	**plata**	platta
türkisfarben	**turquesa**	turkessa
violett	**morado**	moraddo
weiß	**blanco**	blanko
hell-	**claro**	klaro
dunkel-	**oscuro**	osskuro

liso (lisso)   rayas (rajass)   lunares (lunaress)   cuadros (k^{u}adross)   estampado (esstampaddo)

Material/Stoffe *Material/Tejidos*

| Ich möchte etwas aus... | **Quisiera algo en...** | kissjera algo enn |

Deutsch	Español	Aussprache
Ich möchte etwas Dünneres/Dickeres.	Quisiera algo más delgado/más grueso.	kissjera algo mass delgaddo/mass gr^{u}esso
Woraus ist es?	¿De qué está hecho?	de ke essta etscho
Haben Sie eine bessere Qualität?	¿Tiene usted una mejor calidad?	tjennee usstedd unna mechor kalidadd

Batist	batista	batisstaa
Baumwolle	algodón	algodonn
Chiffon	gasa	gassa
Filz	fieltro	fjeltro
Flanell	franela	franella
Frottee	felpa	felpa
Gabardine	gabardina	gabardinna
Gummi	goma	gomma
Jeansstoff	dril de algodón	dril de algodonn
Kamelhaar	pelo de camello	pello de kameljo
Kammgarn	lana cardada	lanna kardadda
Kord	pana	panna
Krepp	crespón	kressponn
Leder	cuero	k^{u}ero
Leinen	lino	linno
Manchester	terciopelo de algodón	terθjopello de algodonn
Popeline	popelín	popelinn
Samt	terciopelo	terθjopello
Satin	raso	rasso
Seide	seda	ssedda
Spitze	encaje	enkachee
Wildleder	ante	antee
Wolle	lana	lanna

Ist es...?	¿Es...?	ess
reine Baumwolle	algodón puro	algodonn puro
reine Wolle	lana pura	lanna pura
synthetisch	sintético	ssintettiko
Ist es ein inländisches/ausländisches Fabrikat?	¿Está hecho aquí/en el extranjero?	essta etscho aki/enn ell extranchero
Wo wurde es hergestellt?	¿Dónde fue hecho?	dondee f^{u}ee etscho
Kann man es mit der Hand/in der Maschine waschen?	¿Se puede lavar a mano/en la máquina?	sse p^{u}eddee labar a manno/enn la makkina

Ist es Handarbeit/handgewoben?	¿Está hecho a mano/tejido a mano?	essta etscho a mano/techiddo a manno
Läuft es ein?	¿Encogerá?	enkochera
Ist es...?	¿Es...?	ess
farbecht	de color estable	de kolor esstablee
knitterfrei	inarrugable	inarrugablee
pflegeleicht	de fácil lavado	de faθil labaddo

Und da wir beim Stoff sind:

Ich möchte 2 Meter von diesem Stoff.	Quisiera 2 metros de este tejido.	kissjera 2 metross de esstee techiddo
Was kostet der Meter?	¿Cuánto cuesta el metro?	k^{u}anto k^{u}essta ell metro
Ich möchte einen schwereren/leichteren Stoff.	Quisiera un tejido más pesado/más ligero.	kissjera unn techiddo mass pessaddo/mass lichero

1 Zentimeter (cm)	un centímetro	unn θentimmetro
1 Meter (m)	un metro	unn metro
3,50 Meter	3 metros 50	3 metross 50

Paßt es? *Una buena caída*

Kann ich es anprobieren?	¿Puedo probármelo?	p^{u}eddo probarmelo
Wo ist die Umkleidekabine?	¿Dónde está el probador?	dondee essta ell probador
Gibt es einen Spiegel?	¿Tiene usted un espejo?	tjennee usstedd unn esspecho
Es paßt sehr gut.	Me va muy bien.	me ba muj bjenn
Es paßt nicht.	No me va bien.	no me ba bjenn
Es ist zu...	Es demasiado...	ess demassjaddo
kurz/lang	corto/largo	korto/largo
eng/weit	ajustado/ancho	achusstaddo/antscho
Können Sie es ändern?	¿Puede arreglarlo?	p^{u}eddee arreglarlo
Wie lange brauchen Sie für die Änderung?	¿Cuánto tardará en arreglarlo?	k^{u}anto tardara enn arreglarlo

ZAHLEN, Seite 149

Ich möchte es so schnell wie möglich.	Lo necesito lo antes posible.	lo neθessitto lo antess possiblee
Kann ich das umtauschen?	¿Puedo cambiar esto?	p{u}eddo kambjar essto

Kleidungsstücke *Ropa*

Ich möchte...	Quisiera...	kissjera
Abendkleid	un traje de noche	unn trachee de notschee
Anorak	un anorak	unn anorakk
Anzug	un traje	unn trachee
Badeanzug	un traje de baño	unn trachee de banjo
Badehose	un bañador	unn banjador
Badekappe/-mütze	un gorro de baño	unn gorro de banjo
Bademantel	un albornoz	unn albornoθ
Bikini	un bikini	unn bikinni
Bluse	una blusa	unna blussa
Büstenhalter	un sostén	unn ssosstenn
Fliege	una corbata de lazo	unna korbatta de laθo
Halstuch	una pañoleta	unna panjoletta
Handschuhe	unos guantes	unnoss g{u}antess
Hemd	una camisa	unna kamissa
Hose	unos pantalones	unnoss pantalonness
Hosenträger	unos tirantes	unnos tirantess
Hüfthalter	una faja	unna facha
Hut	un sombrero	unn ssombrero
Jacke	una chaqueta	unna tschaketta
Jeans	unos tejanos	unnoss techannoss
Kinderkleider	ropa para niños	roppa para ninjoss
Kleid	un vestido	unn besstiddo
ärmellos	sin mangas	ssinn mangass
mit langen/kurzen Ärmeln	con mangas largas/cortas	konn mangass largass/kortass
Kniestrümpfe	unas medias cortas	unnass meddjass kortass
Kostüm	un traje sastre	unn trachee ssasstree
Krawatte	una corbata	unna korbatta
Mantel	un abrigo	unn abriggo
Morgenrock	una bata	unna batta
Mütze	un gorro	unn gorro
Nachthemd	un camisón	unn kamissonn
Overall	un mono	unn monno
Paar...	un par de...	unn par de
Pelzmantel	un abrigo de pieles	unn abriggo de pjelless

(dicken) Pullover	un jersey (de abrigo)	unn cherssei (de abriggo)
(leichten) Pullover	un jersey (ligero)	unn cherssei (lichero)
mit Rollkragen	con cuello de cisne	konn k^{u}eljo de θissnee
mit rundem Ausschnitt	con cuello redondo	konn k^{u}eljo redondo
mit V-Ausschnitt	con cuello en forma de V	konn k^{u}eljo enn forma de V
Regenmantel	un impermeable	unn impermeablee
Rock	una falda	unna falda
Schlafanzug	un pijama	unn pichamma
Schlüpfer	unas bragas	unnass braggass
Schürze	un delantal	unn delantall
Shorts	unos pantalones cortos	unnos pantalonness kortoss
Socken	unos calcetines	unnoss kalθetinness
Sportjacke	una chaqueta de sport	unna tschaketta de ssport
Strickjacke	una rebeca	unna rebekka
Strümpfe	unas medias	unnass meddjass
Strumpfhose	unos leotardos	unnoss leotardoss
T-shirt	una camiseta	unna kamissetta
Trainingsanzug	un chandal de entrenamiento	unn tschandall de entrenamjento
Unterhemd	una camiseta	unna kamissetta
Unterhose (Damen)	unas bragas	unnass braggass
Unterhose (Herren)	unos calzoncillos	unnoss kalθonθiljoss
Unterrock	unas enaguas	unnass enagg^{u}ass
Unterwäsche	ropa interior	roppa interjor
Weste	un chaleco	unn tschalekko

Zubehör *Accesorios*

Gürtel	un cinturón	unn θinturonn
Regenschirm	un paraguas	unn paragg^{u}ass
Schmuck	joyas	chojass
Taschentuch	un pañuelo	unn panj^{u}ello
Druckknopf	un broche automático	unn brotschee automattiko
Gummiband	un elástico	unn elasstiko
Knopf	un botón	unn botonn
Kragen	un cuello	unn k^{u}eljo
Reißverschluß	una cremallera	unna kremaljera
Schnalle	una hebilla	unna ebilja
Tasche	un bolso	unn bolsso

Schuhe *Zapatos*

Deutsch	Español	Aussprache
Ich möchte ein Paar...	Quisiera un par de...	kissjera unn par de
Bergschuhe	botas de montañero	bottass de montanjero
Hausschuhe	zapatillas	θapatiljass
Sandalen	sandalias	ssandaljass
Schuhe	zapatos	θapatoss
flache	planos	plannoss
mit (hohen) Absätzen	con tacones (altos)	konn takonness (altoss)
mit Ledersohlen	con suelas de cuero	konn ss^{u}ellass de k^{u}ero
mit Gummisohlen	con suelas de goma	konn ss^{u}ellass de gomma
Stiefel	botas	bottass
Gummi-/Leder-	de goma/de cuero	de gomma/de k^{u}ero
Tennisschuhe	zapatos de tenis	θapatoss de tenniss
Turnschuhe	calzados de gimnasia	kalθadoss de chimnassja
Wanderschuhe	zapatos de excursión	θapatoss de exkurssjonn
Sie sind zu...	Estos son demasiado...	esstoss ssonn demassjaddo
eng/weit	estrechos/anchos	esstretschoss/antschoss
groß/klein	grandes/pequeños	grandess/pekenjoss
Haben Sie eine Nummer größer/kleiner?	¿Tiene un número más grande/más pequeño?	tjennee unn nummero mass grandee/mass pekenjo
Haben Sie die gleichen in schwarz?	¿Tiene usted los mismos en negro?	tjennee usstedd loss mismoss enn negro
Gummi/Leder	goma/cuero	gomma/k^{u}ero
Stoff	tela	tella
Wildleder	ante	antee
Ist es echtes Leder?	¿Es cuero legítimo?	ess k^{u}ero lechittimo
Ich brauche Schuhcreme/Schnürsenkel.	Necesito betún/unos cordones para zapatos.	neθessito betunn/unnoss kordonness para θapatoss

Schuhreparatur *Arreglar los zapatos*

Deutsch	Español	Aussprache
Können Sie diese Schuhe reparieren?	¿Puede usted arreglar estos zapatos?	p^{u}eddee usstedd arreglar esstoss θapatoss
Ich möchte neue Sohlen und Absätze.	Quisiera nuevas suelas y tacones.	kissjera n^{u}ebbass ss^{u}éllass i takonness

FARBEN, Seite 109

Buchhandlung – Schreibwaren *Librería – Papelería*

Wo ist der/die nächste...?	¿Dónde está... más cercano(a)?	dondee esstá... mass θerkanno(a)
Buchhandlung	la librería	la librería
Schreibwarenhandlung	la papelería	la papelería
Zeitungsstand	el quiosco de periódicos	ell kjossko de perjoddikkoss
Wo kann ich eine deutsche Zeitung kaufen?	¿Dónde puedo comprar un periódico alemán?	dondee p^{u}eddo komprar unn perjoddikko alemann
Wo stehen die Reiseführer?	¿Dónde están las guías turísticas?	dondee esstann lass giass turisstikass
Haben Sie antiquarische Bücher?	¿Tiene usted libros de segunda mano?	tjennee usstedd libross de ssegunda manno
Ich möchte einen (nicht zu schwierigen) spanischen Roman.	Quisiera una novela en español (de lectura fácil).	kissjera unna nobella enn esspanjoll (de lektura faθil)
Haben Sie einen Katalog/ein Verzeichnis?	¿Tiene usted un catálogo/un índice?	tjennee usstedd unn katallogo/unn indiθee
Ich möchte...	Quisiera...	kissjera
Adressenbüchlein	un librito de direcciones	unn libritto de direkθjonness
Ansichtskarten	unas postales ilustradas	unnass posstalless ilusstraddass
Bilderbuch	un libro con imágenes	unn libro konn imacheness
Bindfaden	un cordel	unn kordell
Bleistift	un lápiz	unn lappiθ
Bleistiftspitzer	un sacapuntas	unn ssakapuntass
Briefpapier	papel de cartas	papell de kartass
Briefumschläge	sobres	ssobress
Buch	un libro	unn libro
Büroklammern	sujetapapeles	ssuchetapapelless
Drehbleistift	un portaminas	unn portaminnass
Durchschlagpapier	papel para copias	papell para kopjass
Einwickelpapier	papel de envolver	papell de enbolber
Ersatzmine/-patrone	una mina/un cartucho de recambio	unna minna/unn kartutscho de rekambjo
(selbstklebende) Etikette	etiquetas (adhesivas)	etikettass (adessibbass)

Deutsch	Spanisch	Aussprache
Farbband	una cinta mecanográfica	unna θinta mekanograffika
Farbstifte	unos lápices de color	unnoss lappiθess de kolor
Filzstifte	unos rotuladores	unnoss rotuladoress
Füllfederhalter	una pluma estilográfica	unna plumma esstilograffika
Geschenkpapier	papel de regalo	papell de regallo
Grammatik	un libro de gramática	unn libro de gramattika
Heftklammern	grapas	grappass
Kalender	un calendario	unn kalendarjo
Kinderbuch	un libro para niños	unn libro para ninjoss
Klebstoff	cola de pegar	kolla de pegar
Klebstreifen	una cinta adhesiva	unna θinta adessibba
Kohlepapier	papel carbón	papell karbonn
Kriminalroman	una novela policíaca	unna nobella poliθiaka
Kugelschreiber	un bolígrafo	unn boligrafo
Landkarte	un mapa	unn mappa
Lineal	una regla	unna regla
Malkasten	una caja de pinturas	unna kacha de pinturass
Notizblock	un bloc de notas	unn blokk de nottass
Notizbuch	una libreta de apuntes	unna libretta de apuntess
Papier	papel	papell
Postkarten	unas (tarjetas) postales	unnass (tarchettass) posstalless
Radiergummi	una goma de borrar	unna gomma de borrar
Reißnägel/-zwecken	chinchetas	tschintschettass
Schreibblock	un bloc de papel	unn blokk de papell
Schreibheft	un cuaderno	unn k^uaderno
Schreibmaschinenpapier	papel de máquina	papell de makkina
Spielkarten	unos naipes	unnoss naippess
Straßenkarte	un mapa de carreteras	unn mappa de karreterass
Taschenbuch	un libro de bolsillo	unn libro de bolssiljo
Terminkalender	una agenda	unna achenda
Tinte	tinta	tinta
Wörterbuch spanisch-deutsch Taschen-	un diccionario español-alemán de bolsillo	unn dikθjonarjo esspanjoll-alemann de bolssiljo
Zeichenpapier/-block	papel de dibujo/ bloc de dibujo	papell de dibucho/ blokk de dibucho
Zeitschrift	una revista	unna rebissta

Campingausrüstung *Equipo de camping*

Ich möchte...	Quisiera...	kissjera
Aluminiumfolie	**papel de aluminio**	papell de aluminjo
Angelgerät	**un aparejo de pesca**	unn aparecho de pesska
Bratpfanne	**una sartén**	unna ssartenn
Brennspiritus	**alcohol de quemar**	alkooll de kemar
Büchsenöffner	**un abrelatas**	unn abrelattass
Butangas	**gas butano**	gass butanno
Campingbett	**una cama de campaña**	unna kamma de kampanja
Dosenöffner	**un abrelatas**	unn abrelattass
Feldflasche	**una cantimplora**	unna kantimplora
Flaschenöffner	**un abridor de botellas**	unn abridor de boteljass
Gaskocher	**un hornillo de gas**	unn orniljo de gass
Geschirr	**vajilla**	bachilja
Grill	**una parrilla**	unna parrilja
Hammer	**un martillo**	unn martiljo
Hängematte	**una hamaca**	unna amakka
Heringe	**unas estacas**	unnass esstakkass
Holzkohle	**carbón de leña**	karbonn de lenja
Insektizid	**un insecticida**	unn inssektiθidda
Kerzen	**unas velas**	unnass bellass
Klappstuhl	**una silla plegable**	unna ssilja plegablee
Klapptisch	**una mesa plegable**	unna messa plegablee
Kochtopf	**una cacerola**	unna kaθerolla
Kompaß	**una brújula**	unna bruchula
Korkenzieher	**un sacacorchos**	unn ssakakortschoss
Kühlbeutel	**un elemento congelable**	unn elemento konchelablee
Kühltasche	**una nevera portátil**	unna nebera portattill
Lampe	**una lámpara**	unna lampara
Laterne	**una linterna**	unna linterna
Luftpumpe	**una bomba neumática**	unna bomba neumattika
(Luft)matratze	**un colchón (neumático)**	unn koltschonn (neumattiko)
Moskitonetz	**un mosquitero**	unn mosskitero
Nägel	**clavos**	klabboss
Papierservietten	**servilletas de papel**	sserbiljettass de papell
Petroleum	**petróleo**	petrolleo
Picknickkorb	**una bolsa para merienda**	unna bolssa para merjenda
Plastikbeutel	**unas bolsas de plástico**	unnass bolssass de plasstiko

CAMPING, Seite 32

Proviantbehälter	**una fiambrera**	unna fjambrera
Rucksack	**una mochila**	unna motschilla
Schere	**unas tijeras**	unnass ticherass
Schlafsack	**un saco de dormir**	unn ssakko de dormir
Schnur	**un cordel**	unn kordell
Schraubenzieher	**un destornillador**	unn desstorniljador
Seil	**una cuerda**	unna k^{u}erda
Spülmittel	**detergente para la vajilla**	deterchentee para la bachilja
Streichhölzer	**unas cerillas**	unnass θeriljass
Taschenlampe	**una linterna**	unna linterna
Taschenmesser	**una navaja**	unna nabacha
Thermosflasche	**un termo**	unn termo
Tisch	**una mesa**	unna messa
Verbandkasten	**un botiquín**	unn botikinn
Vorhängeschloß	**una cerradura de seguridad**	unna θerradura de sseguridadd
Wäscheklammern	**unas pinzas para la ropa**	unnass pinθass para la roppa
Waschpulver	**detergente**	deterchentee
Wasserkanister	**un bidón de agua**	unn bidonn de agg^{u}a
Werkzeugkasten	**una caja de herramientas**	unna kacha de erramjentass
Zange	**unas tenazas**	unnass tenaθass
Zelt	**una tienda**	unna tjenda
Zeltboden	**una alfombra**	unna alfombra
Zeltpflöcke	**unas estacas**	unnass esstakkass
Zeltstange	**un mástil**	unn masstill

Geschirr *Vajilla*

Becher	**unos tazones**	unnoss taθonness
Tassen	**unas tazas**	unnass taθass
Teller	**unos platos**	unnoss plattoss
Untertassen	**unos platillos**	unnoss platiljos

Besteck *Cubiertos*

Gabeln	**unos tenedores**	unnoss tenedoress
Löffel	**unas cucharas**	unnass kutscharass
Messer	**unos cuchillos**	unnoss kutschiljoss
Teelöffel	**unas cucharillas**	unnass kutschariljass
aus Plastik	**de plástico**	de plasstiko
aus rostfreiem Stahl	**de acero inoxidable**	de aθero inoxidablee

Elektrogeschäft *Tienda de artículos eléctricos*

Die Stromspannung in Spanien beträgt 220 Volt, aber man kann auch noch ältere Installationen mit 125 Volt vorfinden.

Haben Sie eine Batterie hierfür?	¿Tiene usted una pila para esto?	tjennee usstedd unna pilla para essto
Das ist kaputt. Können Sie es reparieren?	Esto está roto. ¿Puede usted arreglarlo?	essto essta rotto pᵘeddee usstedd arreglarlo
Können Sie mir zeigen, wie es funktioniert?	¿Puede mostrarme cómo funciona?	pᵘeddee mostrarmee kommo funθjonna
Ich möchte...	Quisiera...	kissjera
Adapter	un adaptador	unn adaptador
(Reise-)Bügeleisen	una plancha (de viaje)	unna plantscha (de bjachee)
(Farb-)Fernseher	un televisor (en color)	unn telebissor (enn kolor)
Glühbirne	una bombilla	unna bombilja
Haartrockner	un secador de pelo	unn sekador de pello
Kassettenrecorder	un magnetófono de casetes	unn magnetoffono de kassetess
Kopfhörer	unos auriculares	unnoss aurikularess
Lampe	una lámpara	unna lampara
Lautsprecher	unos altavoces	unnos altaboθess
Plattenspieler	un tocadiscos	unn tokadisskoss
Radio	una radio	unna raddjo
Autoradio	una autorradio	unna autorraddjo
Transistorradio	un transistor	unn transsisstor
Radiowecker	un radio-despertador	unn raddjo desspertador
Rasierapparat	una máquina de afeitar eléctrica	unna makkina de afejtar elektrika
Sicherung	un fusible	unn fussiblee
Stecker	un enchufe	unn entschuffee
Taschenlampe	una linterna	unna linterna
Taschenrechner	una calculadora de bolsillo	unna kalkuladora de bolssiljo
Tauchsieder	un calentador de inmersión	unn kalentador de inmerssjonn
Tonbandgerät	un magnetófono	unn magnetoffono
Verlängerungsschnur	un prolongador	unn prolongador
Verstärker	un amplificador	unn amplifikador
Videorecorder	una video-grabadora	unna bideo grabadora
Wecker	un despertador	unn desspertador

SCHALLPLATTEN – KASSETTEN, Seite 127

Fotogeschäft — *Tienda de artículos fotográficos*

Deutsch	Español	Aussprache
Ich möchte einen ... Fotoapparat.	**Quisiera una cámara ...**	kissjera unna kammara
automatischen	**automática**	automattika
einfachen	**sencilla**	ssenθilja
preiswerten	**barata**	baratta
Zeigen Sie mir bitte Film-/Videokameras.	**Enséñeme unas cámaras de filmar/ de video.**	enssenjemee unnass kammarass de filmar/ de bideo
Ich möchte Paßbilder machen lassen.	**Quisiera hacerme fotos de pasaporte.**	kissjera aθermee fottoss de passaportee

Filme — *Carretes/Películas*

Deutsch	Español	Aussprache
Ich möchte einen Film für diese Kamera.	**Quisiera un carrete para esta cámara.**	kissjera unn karrettee para essta kammara
Farbfilm	**en color**	enn kolor
Farbdiafilm	**para diapositivas**	para djapossitibbass
Farbnegativfilm	**negativo de color**	negatibbo de kolor
Schwarzweißfilm	**en blanco y negro**	enn blanko i negro
Disc Film	**un disco-película**	unn dissko pelikkula
Kassette	**un chasis**	unn tschassiss
Rollfilm	**un rollo**	unn roljo
24/36 Aufnahmen	**veinticuatro/treinta y seis exposiciones**	bejntik{}^{u}atro/trejnta i ssejss expossiθjonness
dieses Format	**este formato**	esstee formatto
hochempfindlich	**ultrarápido**	ultrarrappido
Feinkorn	**de grano fino**	de granno finno
Kunstlichtfilm	**para luz artificial**	para luθ artifiθjall
Tageslichtfilm	**para luz del día**	para luθ dell dia

Entwickeln — *Revelado*

Deutsch	Español	Aussprache
Was kostet das Entwickeln?	**¿Qué cobra por el revelado?**	ke kobra por ell rebeladdo
Ich möchte ... Abzüge von jedem Negativ.	**Quisiera ... copias de cada negativo.**	kissjera ... koppjass de kadda negatibbo
Hochglanz/matt	**con acabado de brillo/mate**	konn akabaddo de briljo/mattee

ZAHLEN, Seite 149

Können Sie das bitte vergrößern?	¿Podría usted ampliar esto, por favor?	podria usstedd ampliar essto por fabor
Wann sind die Fotos fertig?	¿Cuándo estarán listas las fotos?	k{u}ando esstarann lisstass lass fottoss

Zubehör *Accesorios*

Ich möchte...	Quisiera...	kissjera
Batterie	una pila	unna pilla
(Elektronen)blitz	un flash (electrónico)	unn flasch (elektronniko)
Drahtauslöser	un disparador de cable	unn dissparador de kablee
Filter	un filtro	unn filtro
Farb-	para color	para kolor
Schwarzweiß-	para blanco y negro	para blanko i negro
UV-	ultravioleta	ultrabjoletta
Fototasche	una funda	unna funda
Objektiv	un objetivo	unn obchetibbo
Teleobjektiv	un teleobjetivo	unn teleobchetibbo
Weitwinkelobjektiv	un objetivo gran angular	unn obchetibbo grann angular
Objektivkappe	un capuchón para el objetivo	unn kaputschonn para ell obchetibbo
Sonnenblende	un parasol	unn parassoll
Stativ	un trípode	unn trippodee

Reparatur *Reparación*

Können Sie diese Kamera reparieren?	¿Puede reparar esta cámara?	p{u}eddee reparar essta kammara
Der Film klemmt.	La película está atrancada.	la pelikkula essta atrankadda
Mit dem... stimmt etwas nicht.	Hay algo que va mal en...	ai algo ke ba mall enn
Belichtungsmesser	el exposímetro	ell expossimmetro
Bildzählwerk	la escala de exposiciones	la esskala de expossiθjonness
Blitzgerät	el flash	ell flasch
Entfernungsmesser	el telémetro	ell telemmetro
Filmtransport	el enrollador	ell enroljador
Verschluß	el obturador	ell obturador

Juwelier – Uhrmacher *Joyería – Relojería*

Deutsch	Español	Aussprache
Könnte ich das bitte sehen?	¿Podría ver eso, por favor?	podria ber esso por fabor
Ich möchte etwas aus Silber/aus Gold.	Quisiera algo de plata/de oro.	kissjera algo de platta/de oro
Ist das...?	¿Es esto...?	ess essto
Echtsilber	de plata auténtica	de platta autentika
Gold	de oro	de oro
Neusilber	de alpaca	de alpakka
Wieviel Karat hat es?	¿De cuántos quilates es esto?	de k^{u}antoss kilattess ess essto
Können Sie diese Uhr reparieren?	¿Puede arreglar este reloj?	p^{u}eddee arreglar esstee reloch
Sie geht vor/nach.	Adelanta/Atrasa.	adelanta/atrassa
Ich möchte ein/eine...	Quisiera...	kissjera
Amulett	un amuleto	unn amuletto
Anhänger	un medallón	unn medaljonn
Anstecknadel	un alfiler	unn alfiler
Armband	una pulsera	unna pulssera
Armbanduhr	un reloj de pulsera	un reloch de pulssera
automatische	automático	automattiko
Digital-	digital	dichitall
Quarz-	de cuarzo	de k^{u}arθo
mit Sekundenzeiger	con segundero	konn ssegundero
wasserdichte	impermeable	impermeablee
Armreif	un brazalete	unn braθalettee
Besteck	unos cubiertos	unnoss kubjertoss
Brosche	un broche	unn brotschee
Edelstein	una piedra preciosa	unna pjedra preθjossa
Feuerzeug	un encendedor	unn enθendedor
Halskette	un collar	unn koljar
Kette/Kettchen	una cadena/una cadenilla	unna kadenna/unna kadenilja
Krawattenklipp	un sujetador de corbata	unn ssuchetador de korbatta
Krawattennadel	un alfiler de corbata	unn alfiler de korbatta
Kreuz	una cruz	unna kruθ
Manschettenknöpfe	unos gemelos	unnoss chemelloss
Ohrklipps	unos clips	unnoss klipss

Deutsch	Spanisch	Aussprache
Ohrringe	**unos pendientes**	unnoss pendjentess
Ring	**una sortija, un anillo**	unna sorticha, unn aniljo
Ehering	**un anillo de boda**	unn aniljo de bodda
Siegelring	**sortija de sello**	ssorticha de sseljo
Verlobungsring	**sortija de pedida**	ssorticha de pedidda
Rosenkranz	**un rosario de cuentas**	unn rossarjo de k^{u}entass
Tafelsilber	**cubiertos de plata**	kubjertoss de platta
Uhr	**un reloj**	unn reloch
Taschenuhr	**reloj de bolsillo**	reloch de bolssiljo
Stoppuhr	**un cronómetro**	unn kronommetro
Wanduhr	**reloj de pared**	reloch de paredd
Uhrarmband	**una correa de reloj**	unna korrea de reloch
Wecker	**un despertador**	unn desspertador
Zigarettenetui	**una pitillera**	unna pitiljera

Deutsch	Spanisch	Aussprache
Amethyst	**amatista**	amatissta
Bernstein	**ámbar**	ambar
Chrom	**cromo**	krommo
Diamant	**diamante**	djamantee
Elfenbein	**marfil**	marfill
Email	**esmalte**	esmaltee
geschliffenes Glas	**cristal tallado**	krisstall taljaddo
Gold	**oro**	oro
vergoldet	**dorado(a)**	doraddo(a)
Jade	**jade**	chaddee
Koralle	**coral**	korall
Kristall	**cristal**	krisstall
Kupfer	**cobre**	kobree
Onyx	**ónix**	onnix
Perle	**perla**	perla
Perlmutter	**nácar**	nakkar
Platin	**platino**	platinno
rostfreier Stahl	**acero inoxidable**	aθero inoxidablee
Rubin	**rubí**	rubi
Saphir	**zafiro**	θafiro
Silber	**plata**	platta
versilbert	**plateado(a)**	plateaddo(a)
Smaragd	**esmeralda**	esmeralda
Topas	**topacio**	topaθjo
Türkis	**turquesa**	turkessa
Zinn	**peltre**	peltree

Lebensmittelgeschäft *Tienda de comestibles*

Kann ich mich selbst bedienen?	¿Puedo servirme yo mismo?	pᵘeddo sserbirmee jo mismo
Welche Käsesorten haben Sie?	¿Qué clases de queso tiene?	ke klassess de kesso tjenee
Haben Sie Brot?	¿Tiene usted pan?	tjenee usstedd pann
Ich möchte eins davon, bitte.	Quisiera uno de éstos, por favor.	kissjera unno de esstoss por fabor
Ein Kilo Äpfel, bitte.	Un kilo de manzanas, por favor.	unn killo de manθannass por fabor

---

100 Gramm	100 gramos (de)	θjenn grammoss (de)
1 Pfund/halbes Kilo	medio kilo (de)	meddjo killo (de)
1 Kilo(gramm)	un kilo (de)	unn killo (de)
1 Liter	un litro (de)	unn litro (de)
1/2 Liter	medio litro (de)	meddjo litro (de)

Ich möchte...	Quisiera...	kissjera
eine Dose Pfirsiche	una lata de melocotones	unna latta de melokotonness
eine Flasche Wein	una botella de vino	unna botelja de binno
ein Glas Marmelade	un tarro de mermelada	unn tarro de mermeladda
einen Korb Aprikosen	una cesta de albaricoques	unna θessta de albarikokkess
ein Paar Würstchen	un par de salchichas	unn par de ssaltschitschass
eine Packung Tee/Teebeutel	un paquete de té/bolsitas de té	unn pakettee de te/bolssittass de te
eine Rolle Haushaltspapier	un rollo de papel de cocina	unn roljo de papell de koθinna
eine Schachtel Würfelzucker	una cajetilla de azúcar en terrones	unna kachetilja de aθukkar enn terronness
eine Scheibe Schinken	una rebanada de jamón	unna rebanadda de chamonn
ein Stück Käse	un trozo de queso	unn troθo de kesso
eine Tafel Schokolade	una tableta de chocolate	unna tabletta de tschokolattee
eine Tube Senf	un tubo de mostaza	unn tubbo de mosstaθa
eine Tüte Bonbons	un cucurucho de caramelos	unn kukurutscho de karamelloss

LEBENSMITTEL, siehe auch Seite 63

Optiker *El óptico*

Deutsch	Español	Aussprache
Ich möchte...	**Quisiera...**	kissjera
Brille	**unas gafas**	unnass gaffass
Brillenetui	**un estuche para gafas**	unn esstutschee para gaffass
Fernglas	**unos binoculares**	unnoss binokularess
Kontaktlinsen	**unos lentes de contacto**	unnoss lentess de kontakto
Lupe	**una lupa**	unna luppa
Reinigungstücher	**unos pañuelos limpialentes**	unnoss panj^{u}elloss limpjalentess
Schneebrille	**unas gafas de esquiador**	unnass gaffass de eskjador
Sonnenbrille	**unas gafas de sol**	unnass gaffass de ssoll
Meine Brille ist zerbrochen.	**Se me han roto las gafas.**	sse me ann rotto lass gaffass
Können Sie sie reparieren?	**¿Me las puede usted arreglar?**	me lass p^{u}eddee usstedd arreglar
Können Sie die Gläser auswechseln?	**¿Puede cambiar los cristales?**	p^{u}eddee kambjar loss krisstalless
Ich möchte getönte Gläser.	**Quisiera cristales ahumados.**	kissjera krisstalless aumadoss
Das Gestell ist zerbrochen.	**La montura se ha roto.**	la montura sse a rotto
Ich möchte meine Augen kontrollieren lassen.	**Quisiera que me controlara los ojos.**	kissjera ke me kontrolara loss ochoss
Ich bin kurzsichtig/weitsichtig.	**Soy miope/présbite.**	ssoi mjoppee/pressbittee
Ich habe eine Kontaktlinse verloren.	**He perdido un lente de contacto.**	e perdiddo unn lentee de kontakto
Können Sie mir eine Ersatzlinse geben?	**¿Puede darme otro?**	p^{u}eddee darmee otro
Ich habe harte/weiche Linsen.	**Tengo lentes duros/blandos.**	tengo lentess duross/blandoss
Haben Sie eine Flüssigkeit für Kontaktlinsen?	**¿Tiene un líquido para lentes de contacto?**	tjennee unn likkido para lentess de kontakto
Kann ich mich im Spiegel sehen?	**¿Puedo mirarme en un espejo?**	p^{u}eddo mirarmee enn unn esspecho

Tabakladen – Kiosk   *Estanco – Quiosco*

Die meisten spanischen Zigarettenmarken werden aus starkem schwarzem Tabak hergestellt. Man kann in Spanien nahezu alle ausländischen Sorten kaufen.

Ein Schachtel Zigaretten, bitte.	**Una cajetilla de cigarrillos, por favor.**	unna kachetilja de θigarriljoss por fabor
Haben Sie deutsche Zigarettenmarken?	**¿Tiene usted cigarrillos alemanes?**	tjennee usstedd θigarriljoss alemanness
Ich möchte eine Stange.	**Quisiera un cartón.**	kissjera unn kartonn
Geben Sie mir bitte...	**Déme... por favor.**	demmee... por fabor
Bonbons	**unos caramelos**	unnoss karamelloss
Feuerzeug	**un encendedor**	unn enθendedor
-benzin/	**gasolina/**	gassolinna/
-gas	**gas para encendedor**	gass para enθendedor
Kaugummi	**un chicle**	unn tschiklee
Kautabak	**tabaco de mascar**	tabakko de masskar
Pfeife	**una pipa**	unna pippa
Pfeifenbesteck	**utensilios para pipa**	utenssiljoss para pipa
Pfeifenreiniger	**unas escobillas**	unnass esskobiljass
Pfeifenstopfer	**un cargapipas**	unn kargapippass
Pfeifentabak	**tabaco de pipa**	tabakko de pippa
Schokolade	**chocolate**	tschokolattee
Streichhölzer	**unas cerillas**	unnass θeriljass
Tabak	**tabaco**	tabakko
Zigaretten	**unos cigarrillos**	unnoss θigarriljoss
mit Filter	**con filtro**	konn filtro
ohne Filter	**sin filtro**	ssinn filtro
heller/dunkler Tabak	**tabaco rubio/ negro**	tabakko rubbjo/ negro
Menthol-	**mentolados**	mentoladdoss
extra lang	**extra largos**	extra largoss
Zigarettenetui	**una pitillera**	unna pitiljera
Zigarettenspitze	**una boquilla**	unna bokilja
Zigarren	**unos puros**	unnoss puross

TABACOS
TABAKWAREN

Verschiedenes *Diversos*

Andenken *Recuerdos*

Wer an typisch spanischen Artikeln von guter Qualität interessiert ist, geht am besten in eines der *Artespaña*-Geschäfte, der offiziellen Verkaufskette für kunstgewerbliche Arbeiten. Sie finden dort eine reiche Auswahl an handgemachten Erzeugnissen: Spitzen, bemalte Fächer, Flechtwerk, Schnitzarbeiten u.a.

Viele Touristen ziehen jedoch traditionelle Andenken wie Torero-Puppen, Kastagnetten oder aber lederne Weinflaschen (die heute oft mit Plastik gefüttert sind) vor.

bearbeitetes Leder	**cuero repujado**	k^{u}ero repuchaddo
Fächer	**un abanico**	unn abanikko
Flechtwerk	**trenzado**	trenθaddo
Gitarre	**una guitarra**	unna gitarra
Holzschnitzerei	**talla en madera**	talja enn madera
Kastagnetten	**unas castañuelas**	unnass kasstanj^{u}ellass
Kunststickerei	**un bordado de artesanía**	unn bordaddo de artessania
Kupferware	**objetos de cobre**	obchettoss de kobree
lederne Weinflasche	**una bota**	unna botta
Mantilla	**una mantilla**	unna mantilja
Schmuck	**unas joyas**	unnass chojass
Stierkampf-Poster	**un cartel de corrida de toros**	unn kartell de korridda de toross
Tamburin	**una pandereta**	unna panderetta
Töpferware	**loza de barro**	loθa de barro
Torero-Hut	**una montera**	unna montera
Torero-Puppe	**un torero muñeco**	unn torero munjekko
Wasserkaraffe	**un botijo**	unn boticho

Schallplatten – Kassetten *Discos – Casetes*

Ich möchte...	**Quisiera...**	kissjera
Compact Disc	**un disco compacto**	unn dissko kompakto
(unbespielte) Kassette	**un casete (virgen)**	unn kassettee (birchenn)
Schallplatte	**un disco**	unn dissko
Videokassette	**un video-casete**	unn bideo-kassettee

Langspielplatte (33 Touren)	un disco 33 revoluciones	unn dissko trejnta i tress rebolluθjonness
Single (45 Touren)	un disco 45 revoluciones	unn dissko k^{u}arenta i θinko rebolluθjonness

Haben Sie Lieder von...?	¿Tiene usted canciones de...?	tjennee usstedd kannθjonness de
Kann ich diese Platte hören?	¿Puedo escuchar este disco?	p^{u}eddo esskutschar esstee dissko
Gesang	canto	kanto
Instrumentalmusik	música instrumental	mussika instrumentall
Kammermusik	música de cámara	mussika de kammara
Klassische Musik	música clásica	mussika klassika
Orchestermusik	música de orquesta	mussika de orkessta
Popmusik	música pop	mussika popp
Volksmusik	música folklórica	mussika folklorika

Spielwaren *Juguetes*

Ich möchte ein Spielzeug/Spiel...	Quisiera un juguete/un juego...	kissjera unn chugettee/ unn ch^{u}eggo
für einen Jungen	para un niño	para unn ninjo
für ein 5jähriges Mädchen	para una niña de 5 años	para unna ninja de θinko anjoss
Ball	una pelota	unna pelotta
Baukasten	una caja de construcción	unna kacha de konsstrukθjonn
Eimer und Schaufel	un cubo y una pala	unn kubbo y unna palla
elektronisches Spiel	un juego electrónico	unn ch^{u}eggo elektronniko
Gesellschaftsspiel	un juego de sociedad	unn ch^{u}eggo de ssoθjedadd
Kartenspiel	un juego de cartas	unn ch^{u}eggo de kartass
Malbuch	un cuaderno de pintura	unn k^{u}aderno de pintura
Puppe	una muñeca	unna munjekka
Puzzle	un rompecabezas	unn rompekabeθass
Rollschuhe	unos patines de ruedas	unnoss patinness de r^{u}eddass
Schachspiel	un adjedrez	unn achedreθ
Schnorchel	unos espantasuegras	unnoss esspantass^{u}egrass
Schwimmflossen	unas aletas para nadar	unnass alettass para nadar
Stofftier	un animal de trapo	unn animall de trappo

Bank und Geldangelegenheiten

Die Banken sind im allgemeinen Montag bis Freitag von 9 bis 14 Uhr und samstags bis 13 Uhr geöffnet. Außerhalb der Schalterzeiten können Sie auch in einem *cambio* (Wechselstube) oder in Ihrem Hotel Geld wechseln. Nehmen Sie zum Geldwechseln immer Paß oder Personalausweis mit, da nur diese als Ausweis akzeptiert werden.

Kreditkarten, Reiseschecks und Eurocheques werden in Spanien von zahlreichen Hotels, Geschäften und Restaurants ohne weiteres akzeptiert.

Währung *Moneda*

Währungseinheit ist die *peseta* (pes**se**tta), abgekürzt *pta.*, die in 100 *céntimos* (**θen**timoss), *cts.*, aufgeteilt ist.

Banknoten: 100, 200, 500, 1000, 2000, 5000 und 10 000 Peseten.
Münzen: 1, 2, 5, 10, 25, 50, 100 und 200 Peseten.

Die 5-Peseten-Münze wird *duro* (**du**ro) genannt; wenn der Preis also 10 *duros* beträgt, sind damit 50 Peseten gemeint.

CAMBIO
GELDWECHSEL

Wo ist die nächste Bank?	¿Dónde está el banco más cercano?	dondee essta ell banko mass θerkanno
Wo ist die nächste Wechselstube?	¿Dónde está la oficina de cambio más cercana?	dondee essta la ofiθinna de kambjo mass θerkanna
Wann öffnet/schließt die Bank?	¿A qué hora abre/cierra el banco?	a ke ora abree/θjerra ell banko
Wo kann ich einen Reisescheck einlösen?	¿Dónde puedo cobrar un cheque de viajero?	dondee p{u}eddo kobrar unn tschekkee de bjachero

In der Bank — *En el banco*

Ich möchte... wechseln.	Quisiera cambiar ...	kissjera kambjar
D-Mark	marcos alemanes	markoss alemanness
Schweizer Franken	francos suizos	frankoss ssuiθoss
österreichische Schilling	chelines austríacos	tschelinness ausstriakoss
Wie ist der Wechselkurs?	¿A cuánto está el cambio?	a kuanto essta ell kambjo
Geben Sie mir bitte ...Peseten-Scheine.	Déme... pesetas en billetes, por favor.	demmee... pessettass enn biljettess por fabor
Ich brauche etwas Kleingeld.	Necesito dinero suelto.	neθessitto dinero ssuelto
Ich möchte einen Reisescheck/Eurocheque einlösen.	Quisiera cobrar un cheque de viajero/eurocheque.	kissjera kobrar unn tschekkee de bjachero/eurotschekkee
Welche Gebühr erheben Sie?	¿Qué comisión cargan?	ke komissjonn kargan
Können Sie einen Barscheck einlösen?	¿Puede hacer efectivo un cheque personal?	pueddee aθer efektibbo unn tschekkee perssonall
Ich habe...	Tengo...	tengo
Empfehlungsschreiben von...	una carta de presentación de...	unna karta de pressentaθjonn de
Kontokarte	una tarjeta de cuenta	unna tarchetta de kuenta
Kreditbrief	una carta de crédito	unna karta de kreddito
Kreditkarte	una tarjeta de crédito	unna tarchetta de kreddito
Ich erwarte Geld aus...	Espero una transferencia de...	esspero unna transsferenθja de

Einzahlen – Abheben — *Depósitos – Retiros*

Ich möchte...	Quisiera...	kissjera
ein Konto eröffnen	abrir una cuenta	abrir unna kuenta
...Peseten abheben	retirar... pesetas	retirar... pessettass
Ich möchte dies auf mein Konto einzahlen.	Quisiera acreditar esto a mi cuenta.	kissjera akreditar essto a mi kuenta

ZAHLEN, Seite 149

Geschäftsausdrücke *Expresiones de negocios*

Mein Name ist...	**Me llamo...**	me ljammo
Hier ist meine Karte.	**Aquí está mi tarjeta.**	aki essta mi tarchetta
Ich bin mit... verabredet.	**Tengo una cita con...**	tengo unna θitta konn
Können Sie mir einen Kostenvoranschlag machen?	**¿Puede darme una estimación del precio?**	pᵘeddee darmee unna esstimaθjonn dell preθjo
Wie hoch ist die Inflationsrate?	**¿Cuál es la tasa de inflación?**	kᵘall ess la tassa de inflaθjonn
Können Sie mir... besorgen?	**¿Puede conseguirme...?**	pᵘeddee konssegirmee
Dolmetscher	**un intérprete**	unn interpretee
Sekretärin	**una secretaria**	unna ssekretarja
Übersetzer/Übersetzung	**un traductor/una traducción**	unn traduktor/unna traduk θjonn
Wo kann ich Fotokopien machen?	**¿Dónde puedo hacer fotocopias?**	dondee pᵘeddo aθer fotokoppjass

Aktie	**la acción**	la akθjonn
Betrag	**la suma**	la ssumma
Bilanz	**el balance**	ell balanθee
Gewinn	**la ganancia**	la gananθja
Hypothek	**la hipoteca**	la ipotekka
Kapital	**el capital**	ell kapitall
Kapitalanlage	**la inversión**	la inberssjonn
Kauf	**la compra**	la kompra
Kredit	**el crédito**	ell kreddito
Prozentsatz	**el porcentaje**	ell porθentachee
Rabatt	**la rebaja**	la rebacha
Rechnung	**la factura**	la faktura
Scheck	**el cheque**	ell tschekkee
Skonto	**el descuento**	ell desskᵘento
Überweisung	**la transferencia**	la transsferenθja
Unkosten	**los gastos**	loss gasstoss
Verkauf	**la venta**	la benta
Verlust	**la pérdida**	la perdida
Vertrag	**el contrato**	ell kontratto
Wert	**el valor**	ell balor
Zahlung	**el pago**	ell paggo
Zins	**el interés**	ell interess

Post und Telefon

Im Postamt *En la oficina de correos*

Die Postämter sind Montag bis Freitag gewöhnlich von 9 bis 13 oder 13.30 Uhr und von 16 bis 18 oder 19 Uhr geöffnet, samstags von 9 bis 13 Uhr.

Die Post- und Telegrafenämter sind meist von den Telefonämtern getrennt; normalerweise können Sie also hier nicht telefonieren. Briefmarken erhalten Sie auch in Tabakläden (*tabacos*). Die Briefkästen sind gelb und mit roten Streifen versehen.

Wo ist das Postamt?	¿Dónde está la oficina de correos?	dondee essta la ofiθinna de korreoss
Wann öffnet/schließt es?	¿A qué hora abren/cierran correos?	a ke ora abren/ θjerran korreoss
An welchem Schalter gibt es Briefmarken?	¿A qué ventanilla tengo que ir para comprar sellos?	a ke bentanilja tengo ke ir para komprar sseljoss
Was kostet das Porto für einen Brief nach...?	¿Cuál es el franqueo de una carta para...?	k^{u}all ess ell frankeo de unna karta para
Deutschland	**Alemania**	alemannja
Österreich	**Austria**	ausstrja
Schweiz	**Suiza**	ss^{u}iθa
Wo ist der Briefkasten?	¿Dónde está el buzón?	dondee essta ell buθonn
Ich möchte dies per... senden.	Quisiera mandar esto...	kissjera mandar essto
Eilboten (Expreß)	**urgente**	urchentee
Einschreiben	**por correo certificado**	por korreo θertifikaddo
Luftpost	**por correo aéreo**	por korreo aereo

Eine Briefmarke für diesen Brief/diese Postkarte, bitte.	**Un sello para esta carta/postal, por favor.**	unn sseljo para essta karta/posstall por fabor
Ich möchte ein Paket ins Ausland schicken.	**Quisiera mandar un paquete al extranjero.**	kissjera mandar unn pakettee all extranchero
Muß ich eine Zollerklärung ausfüllen?	**¿Es necesario que llene una declaración para la aduana?**	ess neθessarjo ke ljennee unna deklaraθjonn para la ad^uanna
An welchem Schalter kann ich eine internationale Postanweisung einlösen?	**¿En qué ventanilla puedo hacer efectivo un giro postal internacional?**	enn ke bentanilja p^ueddo aθer efektibbo unn chiro posstall internaθjonall
Wo ist der Schalter für postlagernde Sendungen?	**¿Dónde está la Lista de Correos?**	dondee essta la lissta de korreoss
Ist Post für mich da?	**¿Hay correo para mí?**	ai korreo para mi
Ich heiße...	**Me llamo...**	me ljammo

SELLOS	BRIEFMARKEN
PAQUETES	PAKETE
GIROS POSTALES	POSTANWEISUNGEN
LISTA DE CORREOS	POSTLAGERND

Telegramme – Telex *Telegramas – Télex*

Ich möchte ein Telegramm aufgeben.	**Quisiera mandar un telegrama.**	kissjera mandar unn telegramma
Kann ich bitte ein Formular haben?	**¿Podría darme un impreso, por favor?**	podria darmee unn impresso por fabor
Wieviel kostet es pro Wort?	**¿Cuánto cuesta por palabra?**	k^uanto k^uessta por palabra
Wie lange braucht ein Telegramm nach Berlin?	**¿Cuánto tardará un telegrama a Berlín?**	k^uanto tardara unn telegramma a Berlinn
Kann ich ein Fernschreiben/Telefax schicken?	**¿Puedo mandar un télex/telefax?**	p^ueddo mandar unn telex/telefax

Telefon *Teléfonos*

Telefonämter erkennen Sie an einem blau-weißen Schild. Im allgemeinen können Sie Fern- und auch Auslandsgespräche in einige Länder direkt – also ohne Vermittlung – führen. Vorwahlnummern finden Sie in den Telefonbüchern. Für eine direkte Auslandsverbindung wählt man 07, wartet den Summton ab und dreht dann die Landes- und nationale Fernkennzahl sowie die Teilnehmernummer.

Wo ist das Telefon?	¿Dónde está el teléfono?	dondee essta ell teleffono
Wo ist die nächste Telefonzelle?	¿Dónde está la cabina telefónica más cercana?	dondee essta la kabinna telefonnika mass θerkanna
Darf ich Ihr Telefon benutzen?	¿Puedo usar su teléfono?	p^{u}eddo ussar ssu teleffono
Ich möchte eine Telefonkarte.	Quisiera una tarjeta de teléfono.	kissjera unna tarchetta de teleffono
Haben Sie ein Telefonbuch von...?	¿Tiene una guía telefónica de...?	tjennee unna gia telefonnika de

Auskunft – Vermittlung *La telefonista*

Wie ist die Nummer der (internationalen) Auskunft?	¿Cuál es el número de la telefonista (internacional)?	k^{u}all ess ell nummero de la telefonissta (internaθjonall)
Ich möchte nach... telefonieren.	Quisiera telefonear a...	kissjera telefonear a
Deutschland	Alemania	alemannja
Österreich	Austria	ausstrja
Schweiz	Suiza	ss^{u}iθa
Wie ist die Vorwahl?	¿Cuál es el prefijo?	k^{u}all ess ell preficho
Kann ich durchwählen?	¿Puedo marcar directamente?	p^{u}eddo markar direktamentee
Verbinden Sie mich bitte mit...	Póngame con..., por favor.	pongamee konn... por fabor
Ich möchte ein Gespräch mit Voranmeldung.	Quisiera una llamada personal.	kissjera unna ljamadda perssonall

ZAHLEN, Seite 149

Ich möchte ein R-Gespräch.	**Quisiera que sea por cobro revertido.**	kissjera ke ssea por kobro rebertiddo

Am Apparat *Hablando*

Hallo. Hier spricht...	**Oiga. Aquí habla...**	oigga aki abla
Ich möchte mit... sprechen.	**Quisiera hablar con...**	kissjera ablar konn
Ich möchte Nebenanschluß 24.	**Quisiera la extensión 24.**	kissjera la extenssjonn 24
Wer ist am Apparat?	**¿Quién habla?**	kjenn abla
Ich verstehe nicht.	**No comprendo.**	no comprendo
Sprechen Sie bitte lauter/langsamer.	**Hable más fuerte/ más despacio, por favor.**	ablee mass f^{u}ertee mass desspaθjo por fabor

Pech gehabt *Mala suerte*

Sie haben mich falsch verbunden.	**Me ha dado un número equivocado.**	me a daddo unn nummero ekibokaddo
Der Anruf ist unterbrochen worden.	**Se cortó la comunicación.**	sse korto la komunikaθjonn
Ich kann die Nummer nicht erreichen.	**No puedo conseguir el número.**	no p^{u}eddo konssegir ell nummero

Buchstabiertabelle *Código de deletreo*

A	**Antonio**	antonnjo		N	**Navarra**	nabarra
B	**Barcelona**	barθelonna		Ñ	**Ñoño**	njonjo
C	**Carmen**	karmen		O	**Oviedo**	objeddo
CH	**Chocolate**	tschokolattee		P	**París**	pariss
D	**Dolores**	doloress		Q	**Querido**	keriddo
E	**Enrique**	enrikkee		R	**Ramón**	ramonn
F	**Francia**	franθja		S	**Sábado**	ssabbado
G	**Gerona**	cheronna		T	**Tarragona**	tarragonna
H	**Historia**	isstorja		U	**Ulises**	ulissess
I	**Inés**	iness		V	**Valencia**	balenθja
J	**José**	chosse		W	**Washington**	^{u}aschington
K	**Kilo**	killo		X	**Xiquena**	xikenna
L	**Lorenzo**	lorenθo		Y	**Yegua**	jegg^{u}a
LL	**Llobregat**	ljobregatt		Z	**Zaragoza**	θaragoθa
M	**Madrid**	madridd				

Nicht da *Está ausente*

Wann wird er/sie zurück sein?	¿Cuándo estará de vuelta?	k^{u}ando esstara de b^{u}elta
Würden Sie ihm/ihr bitte sagen, daß ich angerufen habe?	¿Quiere usted decirle que he llamado?	kjeree usstedd deθirlee ke e ljamaddo
Mein Name ist...	**Me llamo...**	me ljammo
Könnten Sie ihn/sie bitten, mich anzurufen?	¿Podría pedirle que me llame?	podria pedirlee ke me ljammee
Würden Sie bitte eine Nachricht hinterlassen?	¿Por favor, quiere tomar un recado?	por fabor kjeree tomar unn rekaddo
Ich rufe später wieder an.	**Llamaré otra vez más tarde.**	ljamare otra beθ mass tardee

Gebühren *Tarifas*

Was kostet dieses Gespräch?	¿Cuál es el precio de esta llamada?	k^{u}all ess ell preθjo de essta ljamadda
Ich möchte das Gespräch bezahlen.	**Quisiera pagar la llamada.**	kissjera pagar la ljamadda

---

Hay una llamada para usted.	Ein Anruf für Sie.
Espere, por favor.	Bitte bleiben Sie am Apparat.
Un momento, por favor.	Einen Moment, bitte.
¿A qué número llama?	Welche Nummer haben Sie verlangt?
La línea está ocupada.	Die Linie ist besetzt.
No contestan.	Es antwortet niemand.
No está.	Er/Sie ist nicht da.
Se ha equivocado en el número.	Sie sind falsch verbunden.
El teléfono no funciona.	Das Telefon ist außer Betrieb.

Arzt

Für kleinere Behandlungen wenden Sie sich am besten an die örtliche Unfallstation (*casa de socorro* oder *dispensario*). Schnelle Hilfe vermitteln Ihnen der Hotelempfang oder sonst die nächste Polizeiwache.

Allgemeines *Locuciones básicas*

Können Sie einen Arzt holen?	¿Puede llamar a un médico?	p^{u}eddee ljamar a unn meddiko
Gibt es hier einen Arzt?	¿Hay un médico aquí?	ai unn meddiko aki
Ich brauche rasch einen Arzt.	Necesito un médico rápidamente.	neθessitto unn meddiko rappidamentee
Wo finde ich einen Arzt, der Deutsch spricht?	¿Dónde hay un doctor que hable alemán?	dondee ai unn doktor ke ablee alemann
Wo ist die Arztpraxis?	¿Dónde es la consulta?	dondee ess la konssulta
Wann sind die Sprechstunden?	¿Cuáles son las horas de consulta?	k^{u}alless sonn lass orass de konssulta
Könnte der Arzt mich hier untersuchen?	¿Podría venir el médico a reconocerme?	podria benir ell meddiko a rekonoθermee
Wann kann der Arzt kommen?	¿A qué hora puede venir el doctor?	a ke ora p^{u}eddee benir ell doktor
Können Sie mir einen... empfehlen?	¿Me puede recomendar un...?	me p^{u}eddee rekomendar unn
praktischen Arzt	médico de medicina general	meddiko de mediθinna chenerall
Kinderarzt	pediatra	pedjatra
Augenarzt	oculista	okulisstta
Frauenarzt	ginecólogo	chinekollogo
Kann ich... einen Termin bekommen?	¿Me puede dar una cita...?	me p^{u}eddee dar unna θitta
sofort	inmediatamente	inmedjatamentee
morgen	mañana	manjanna
so bald wie möglich	cuanto antes	k^{u}anto antess

APOTHEKE-DROGERIE, Seite 104/Notfall, Seite 158

Körperteile   *Partes del cuerpo*

Arm	**el brazo**	ell braθo
Arterie	**la arteria**	la arterja
Auge	**el ojo**	ell ocho
Bein	**la pierna**	la pjerna
Blase	**la vejiga**	la bechigga
Brust	**el pecho**	ell petscho
Brustkorb	**el tórax**	ell torax
Darm	**los intestinos**	loss intesstinnoss
Daumen	**el pulgar**	ell pulgar
Drüse	**la glándula**	la glandula
Finger	**el dedo**	ell deddo
Fuß	**el pie**	ell pje
Gallenblase	**la vesícula biliar**	la bessikkula biljar
Gelenk	**la articulación**	la artikulaθjonn
Geschlechtsorgane	**los órganos genitales**	loss organoss chenitalless
Gesicht	**la cara**	la kara
Hals	**el cuello**	ell k{^u}eljo
Hand	**la mano**	la manno
Haut	**la piel**	la pjell
Herz	**el corazón**	ell koraθonn
Kiefer	**la mandíbula**	la mandibbula
Knie	**la rodilla**	la rodilja
Knochen	**el hueso**	ell {^u}esso
Kopf	**la cabeza**	la kabeθa
Leber	**el hígado**	ell iggado
Lippe	**el labio**	ell labbjo
Lunge	**el pulmón**	ell pulmonn
Magen	**el estómago**	ell esstommago
Mandeln	**las amígdalas**	lass amigdalass
Mund	**la boca**	la bokka
Muskel	**el músculo**	ell musskulo
Nase	**la nariz**	la nariθ
Nerv	**el nervio**	ell nerbjo
Niere	**el riñón**	ell rinjonn
Ohr	**la oreja**	la orecha
Rippe	**la costilla**	la kosstilja
Rücken	**la espalda**	la esspalda
Schenkel	**el muslo**	ell muslo
Schulter	**el hombro**	ell ombro
Sehne	**el tendón**	ell tendonn
Vene	**la vena**	la benna
Wirbelsäule	**la columna vertebral**	la kolumna bertebrall
Zehe	**el dedo del pie**	ell deddo dell pje
Zunge	**la lengua**	la leng{^u}a

Unfall – Verletzung *Accidente – Herida*

Deutsch	Español	Aussprache
Es ist ein Unfall passiert.	Ha habido un accidente.	a abiddo unn akθidentee
Mein Kind ist hingefallen.	Se ha caído el niño/la niña.	sse a kaiddo ell ninjo/la ninja
Er/Sie ist am Kopf verletzt.	Está herido(a) en la cabeza.	essta eriddo(a) enn la kabeθa
Er/Sie ist bewußtlos.	Está inconsciente.	essta inkonθjentee
Er/Sie blutet (stark).	Está sangrando (mucho).	essta ssangrando (mutscho)
Er/Sie ist (schwer) verletzt.	Está (gravemente) herido(a).	essta (grabementee) eriddo(a)
Sein/Ihr Arm ist gebrochen.	Su brazo está roto.	ssu braθo essta rotto
Sein/Ihr Knöchel ist geschwollen.	Su tobillo está hinchado.	ssu tobiljo essta intschaddo
Ich habe mich geschnitten.	Me he cortado.	me e kortaddo
Ich habe etwas im Auge.	Me ha entrado algo en el ojo.	me a entraddo algo enn ell ocho
Ich habe einen/eine...	Tengo...	tengo
Abschürfung	un arañazo	unn aranjaθo
Ausschlag	un sarpullido	unn ssarpuljiddo
Beule	un chichón	unn tschitschonn
Bißwunde	una mordedura	unna mordedura
Blase	una ampolla	unna ampolja
Brandwunde	una quemadura	unna kemadura
Furunkel	un forúnculo	unn forunkulo
Insektenstich	una picadura de insecto	unna pikadura de inssekto
Quetschung	una contusión	unna kontussjonn
Schnittwunde	una cortadura	unna kortadura
Schwellung	una hinchazón	unna intschaθonn
Stich	una picadura	unna pikadura
Wunde	una herida	unna eridda
Ich kann den/die/das... nicht bewegen.	No puedo mover el/la...	no pueddo mober ell/la...
Es tut weh.	Me duele.	me duellee

¿Dónde le duele?	Wo haben Sie Schmerzen?
¿Qué clase de dolor es?	Was für Schmerzen haben Sie?
apagado/agudo palpitante/constante	dumpfe/stechende pulsierende/anhaltende
Quiero que le hagan una radiografía.	Sie müssen geröntgt werden.
Está...	Es ist...
roto/torcido dislocado/desgarrado	gebrochen/verstaucht verrenkt/gerissen
Lo van a enyesar.	Sie bekommen einen Gipsverband.
Está infectado.	Es ist infiziert.
¿Lo han vacunado contra el tétanos?	Sind Sie gegen Wundstarrkrampf geimpft?
Le daré un antiséptico/ un analgésico.	Ich gebe Ihnen ein Antiseptikum/Schmerzmittel.

Krankheit   *Enfermedad*

Ich fühle mich nicht wohl.	**No me siento bien.**	no me ssjento bjenn
Ich bin krank.	**Estoy enfermo(a).**	esstoi enfermo(a)
Mir ist schwindlig/übel.	**Me siento mareado(a)/con náuseas.**	me ssjento mareaddo(a)/konn nausseass
Ich habe Schüttelfrost.	**Tengo escalofríos.**	tengo esskalofrioss
Ich habe Fieber.	**Tengo fiebre.**	tengo fjebree
Ich habe 38° Fieber.	**Tengo 38 grados de temperatura.**	tengo 38 gradoss de temperatura
Ich habe mich übergeben.	**He tenido vómitos.**	e teniddo bommitoss
Ich habe Verstopfung.	**Estoy estreñido(a).**	esstoi esstrenjiddo(a)
Ich habe Durchfall.	**Tengo diarrea.**	tengo djarrea

ZAHLEN, Seite 149

Ich habe...	Tengo...	tengo
Asthma	asma	asma
Erkältung	un resfriado	unn ressfrjaddo
Halsschmerzen	dolor de garganta	dolor de garganta
Herzklopfen	palpitaciones	palpitaθjonness
Husten	tos	toss
Kopfschmerzen	dolor de cabeza	dolor de kabeθa
Krämpfe	calambres	kalambress
Magenverstimmung	una indigestión	unna indichesstjonn
Magenschmerzen	dolor de estómago	dolor de esstommago
Nasenbluten	una hemorragia nasal	unna emorrachja nassall
Ohrenschmerzen	dolor de oídos	dolor de oiddoss
Rheumatismus	reumatismo	reumatismo
Rückenschmerzen	dolor de espalda	dolor de esspalda
Sonnenstich	una insolación	unna insolaθjonn
steifen Nacken	tortícolis	tortikkoliss
Ich habe Atembeschwerden.	Tengo dificultades respiratorias.	tengo difikultaddess resspiratorjass
Ich habe Schmerzen in der Brust.	Tengo un dolor en el pecho.	tengo unn dolor enn ell petscho
Ich hatte vor... Jahren einen Herzanfall.	Tuve un ataque al corazón hace... años.	tubbee unn atakkee all koraθonn aθee... anjoss
Mein Blutdruck ist zu hoch/zu niedrig.	Mi presión sanguínea es demasiado alta/baja.	mi pressjonn sanginnea ess demassjaddo alta/bacha
Ich bin Diabetiker.	Soy diabético(a).	ssoi djabettiko(a)

Beim Frauenarzt *Al ginecólogo*

Ich habe Menstruationsbeschwerden.	Tengo dolores menstruales.	tengo doloress mensstrualess
Ich habe eine Scheidenentzündung.	Tengo una infección vaginal.	tengo unna infekθjonn bachinall
Ich nehme die Pille.	Tomo la píldora.	tommo la pildora
Ich habe seit 2 Monaten meine Periode nicht mehr gehabt.	Hace 2 meses que no tengo reglas.	aθee 2 messess ke no tengo reglass
Ich bin schwanger.	Estoy embarazada.	esstoi embaraθadda

¿Cuánto tiempo hace que se siente así?	Wie lange fühlen Sie sich schon so?
¿Es la primera vez que ha tenido esto?	Haben Sie das zum ersten Mal?
Le voy a tomar la presión/la temperatura.	Ich werde Ihren Blutdruck/Ihre Temperatur messen.
Súbase la manga, por favor.	Streifen Sie bitte den Ärmel hoch.
Desvístase, por favor.	Ziehen Sie sich bitte aus.
Acuéstese ahí, por favor.	Legen Sie sich bitte dorthin.
Abra la boca.	Machen Sie den Mund auf.
Respire profundo.	Tief atmen, bitte.
Tosa, por favor.	Husten Sie bitte.
Tiene (un/una)...	Sie haben (einen/eine)...
apendicitis	Blinddarmentzündung
cistitis	Blasenentzündung
enfermedad venérea	Geschlechtskrankheit
gastritis	Magenschleimhautentzündung
gripe	Grippe
ictericia	Gelbsucht
inflamación de...	...entzündung
intoxicación por alimentos	Lebensmittelvergiftung
neumonía	Lungenentzündung
sarampión	Masern
(No) es contagioso.	Es ist (nicht) ansteckend.
Le pondré una inyección.	Ich gebe Ihnen eine Spritze.
Necesito una muestra de sangre/heces/orina.	Ich brauche eine Blutprobe/Stuhlprobe/Urinprobe.
Debe quedarse en cama durante... días.	Sie müssen... Tage im Bett bleiben.
Quiero que consulte a un especialista.	Sie sollten einen Spezialisten aufsuchen.
Quiero que vaya al hospital para un reconocimiento general.	Sie müssen zu einer Generaluntersuchung ins Krankenhaus.
Tendrán que operarlo.	Sie müssen operiert werden.

Rezept – Behandlung *Prescripción – Tratamiento*

Gewöhnlich nehme ich dieses Medikament.	**Esta es la medicina que tomo normalmente.**	essta ess la mediθinna ke tommo normalmentee
Können Sie mir dafür ein Rezept geben?	**¿Puede darme una receta para esto?**	p^ueddee darmee unna reθetta para essto
Können Sie mir... verschreiben?	**¿Puede recetarme un...?**	p^ueddee reθetarmee unn
Schlafmittel	**somnífero**	somniffero
Mittel gegen Depressionen	**antidepresivo**	antidepressibbo
Beruhigungsmittel	**sedante**	ssedantee
Ich bin allergisch gegen Antibiotika/Penizillin.	**Soy alérgico(a) a los antibióticos/la penicilina.**	ssoi alerchiko(a) a loss antibjottikoss/la peniθilinna
Ich möchte kein zu starkes Mittel.	**No quiero nada demasiado fuerte.**	no kjero nadda demassjaddo f^uertee
Wie oft täglich soll ich es nehmen?	**¿Cuántas veces al día tengo que tomarlo?**	k^uantass beθess all dia tengo ke tomarlo
Muß ich sie ganz schlucken?	**¿Debo tragármelas enteras?**	debbo tragarmelass enterass

---

¿Qué tratamiento está siguiendo?	Wie werden Sie behandelt?
¿Qué medicina está tomando?	Welches Medikament nehmen Sie?
En inyección u oral?	Als Spritze oder Tabletten?
Tome... cucharilla(s) de esta medicina...	Nehmen Sie von dieser Medizin... Teelöffel...
Tome una píldora con un vaso de agua...	Nehmen Sie eine Tablette mit einem Glas Wasser...
cada... horas	alle... Stunden
antes/después de cada comida	vor/nach jeder Mahlzeit
por la mañana/por la noche	morgens/abends
en caso de dolor	wenn Sie Schmerzen haben
durante... días/semanas	während... Tagen/Wochen

APOTHEKE, Seite 104/ZAHLEN, Seite 149

Honorar *Honorarios*

Wieviel bin ich Ihnen schuldig?	¿Cuánto le debo?	k^uanto le debbo
Kann ich bitte eine Quittung für meine Krankenkasse haben?	¿Puede darme un recibo para mi seguro de enfermedad?	p^ueddee darmee unn reθibbo para mi sseguro de enfermedadd
Können Sie mir ein ärztliches Zeugnis ausstellen?	¿Me puede dar un certificado médico?	me p^ueddee dar unn θertifikaddo meddiko
Würden Sie bitte dieses Krankenkassen-Formular ausfüllen?	¿Quiere llenar esta hoja de seguro, por favor?	kjeree ljenar esssta ocha de sseguro por fabor

Krankenhaus *Hospital*

Bitte benachrichtigen Sie meine Familie.	Avise a mi familia, por favor.	abissee a mi familja por fabor
Wann ist Besuchszeit?	¿Cuáles son las horas de visita?	k^ualless ssonn lass orass de bissitta
Wann darf ich aufstehen?	¿Cuándo puedo levantarme?	k^uando p^ueddo lebantarmee
Ich kann nicht essen/schlafen.	No puedo comer/dormir.	no p^ueddo komer/dormir
Ich habe Schmerzen.	Me duele.	me d^uellee
Können Sie mir ein Schmerzmittel geben?	¿Me puede dar un analgésico?	me p^ueddee dar unn analchessiko
Wo ist die Klingel?	¿Dónde está el timbre?	dondee esssta ell timbree

Arzt/Chirurg	el médico/cirujano	ell meddiko/θiruchanno
Krankenschwester	la enfermera	la enfermera
Patient/Patientin	el/la paciente	ell/la paθjentee
Narkose	la anestesia	la anesstessja
Bluttransfusion	la transfusión de sangre	la transsfussjonn de ssangree
Operation	la operación	la operaθjonn
Bettpfanne	la silleta	la ssiljetta
Thermometer	el termómetro	ell termommetro

Zahnarzt *Dentista*

Deutsch	Español	Aussprache
Können Sie mir einen guten Zahnarzt empfehlen?	¿Puede recomendarme un buen dentista?	pᵘeddee rekomendarmee unn bᵘenn dentissta
Kann ich einen (dringenden) Termin bei Herrn/Frau Dr. .... haben?	¿Puedo pedir cita (urgente) para ver al Doctor ...?	pᵘeddo pedir θitta (urchentee) para ber all doktor
Geht es nicht eher?	¿No sería posible antes?	no sseria possiblee antess
Ich habe Zahnschmerzen.	Tengo dolor de muelas.	tengo dolor de mᵘellass
Ich habe eine Plombe verloren.	He perdido un empaste.	e perdiddo unn empasstee
Der Zahn wackelt/ist abgebrochen.	El diente se mueve/se ha roto.	el djentee sse mᵘebbee/sse a rotto
oben	arriba	arribba
unten	abajo	abacho
vorne	delante	delantee
hinten	detrás	detrass
Ist es ein Abszeß/eine Infektion?	¿Es un flemón/una infección?	ess unn flemonn/unna infekθjonn
Können Sie ihn provisorisch behandeln?	¿Puede usted arreglarlo temporalmente?	pᵘeddee usstedd arreglarlo temporalmentee
Ich möchte ihn nicht ziehen lassen.	No quiero que me lo saque.	no kjero ke me lo ssakkee
Können Sie mir eine Spritze geben?	¿Puede ponerme anestesia local?	pᵘeddee ponermee anesstessja lokall
Das Zahnfleisch...	La encía está...	la enθia essta
ist wund	inflamada	inflamadda
blutet	sangrando	ssangrando
Mein Gebiß ist zerbrochen.	Se me ha roto la dentadura.	sse me a rotto la dentadura
Können Sie das Gebiß reparieren?	¿Puede usted arreglar esta dentadura?	pᵘeddee usstedd arreglar essta dentadura
Wann ist es fertig?	¿Cuándo estará lista?	kᵘando esstara lissta

Erholung – Kuren — *Convalecencia – Curas*

Deutsch	Español	Aussprache
Ich bin hier...	Estoy aquí...	esstoi aki
in Erholung	en convalecencia	enn konbaleθenθja
auf ärztliche Empfehlung	por recomendación del médico	por rekomendaθjonn dell meddiko
Ich brauche viel Ruhe.	Necesito mucho reposo.	neθessitto mutscho reposso
Ich möchte... mieten.	Quisiera alquilar...	kissjera alkilar
Wohnung	un apartamento	unn apartamento
Bungalow	un bungalow	unn bungallo
Haus	una casa	unna kassa
in einer ruhigen Gegend	en una zona tranquila	enn unna θonna trankilla
am Meer	a orillas del mar	a orijass dell mar
in der Nähe eines ärztlichen Versorgungszentrums	cerca de un centro médico	θerka de unn θentro meddiko
mit Schwimmbad	con piscina	konn pissθinna
mit Garten	con jardín	konn chardinn
Ich brauche...	Necesito...	nesseθitto
regelmäßige Behandlung	tratamiento regular	tratamjento regular
medizinische Betreuung	cuidados médicos	k^{u}idadoss meddikoss
Haushaltshilfe	servicio doméstico	sserbiθjo domesstiko
Physiotherapie	fisioterapia	fissjoterappja
Massagen	masajes	massachess
Können Sie mir ein Heilbad empfehlen?	¿Puede usted recomendarme un balneario?	p^{u}eddee usstedd rekomendarmee unn balnearjo
Ich muß eine bestimmte Diät halten.	Tengo que seguir un régimen especial.	tengo ke ssegir unn rechimen esspeθjall
Können Sie mir die Adresse eines/einer... geben?	¿Puede usted darme la dirección de...?	p^{u}eddee usstedd darmee la direkθjonn de
Homoöpathen	un (médico) homeópata	unn (meddiko) omeoppata
Kräuterhandlung	una herboristería	unna erborissteria
Spezialisten für Akupunktur	un especialista de acupuntura	unn esspeθjalisstta de akupuntura

Allerlei Wissenswertes

Woher kommen Sie? ¿De dónde es usted?

Ich bin...	Soy...	ssoi
Deutscher/Deutsche	alemán/alemana	alemann/alemanna
Österreicher/-in	austríaco/-a	ausstriakko/-a
Schweizer/-in	suizo/-a	ss^{u}iθo/-a

Ich wohne in/in der Nähe von...	Vivo en/cerca de...	bibbo enn/θerka de
Berlin	Berlín	berlinn
Frankfurt	Francfort	frankfort
Hamburg	Hamburgo	amburgo
Köln	Colonia	kolonja
München	Munich	munnitsch
Wien	Viena	bjenna
Zürich	Zurich	θuritsch

Kommen Sie aus...?	¿Viene usted de...?	bjennee usstedd de
Barcelona	Barcelona	barθelonna
Bilbao	Bilbao	bilbao
Cádiz	Cádiz	kaddiθ
Madrid	Madrid	madridd
Murcia	Murcia	murθja
Sevilla	Sevilla	ssebilja
Valencia	Valencia	balenθja
Zaragoza	Zaragoza	θaragoθa
Ägypten	Egipto	echipto
Algerien	Argelia	archelja
Argentinien	Argentina	archentinna
Belgien	Bélgica	belchika
Bolivien	Bolivia	bolibbja
Brasilien	Brasil	brassill
Chile	Chile	tschillee
China	China	tschinna
Dänemark	Dinamarca	dinamarka
Deutschland	Alemania	alemannja
Bundesrepublik	República Federal	republika federall
DDR	República Democrática Alemana	republika demokrattika alemanna
Ecuador	Ecuador	ek^{u}ador
El Salvador	El Salvador	ell ssalbador
England	Inglaterra	inglaterra

Deutsch	Español	Aussprache
Finnland	**Finlandia**	finlandja
Frankreich	**Francia**	franθja
Griechenland	**Grecia**	greθja
Großbritannien	**Gran Bretaña**	grann bretanja
Guatemala	**Guatemala**	g^{u}atemalla
Indien	**India**	indja
Irland	**Irlanda**	irlanda
Island	**Islandia**	islandja
Israel	**Israel**	issraell
Italien	**Italia**	italja
Japan	**Japón**	chaponn
Jugoslawien	**Yugoslavia**	jugoslabbja
Kanada	**Canadá**	kanada
Kolumbien	**Colombia**	kolombja
Kuba	**Cuba**	kubba
Luxemburg	**Luxemburgo**	luxemburgo
Marokko	**Marruecos**	marr^{u}ekkoss
Mexiko	**México**	mexiko
Nicaragua	**Nicaragua**	nikaragg^{u}a
Niederlande	**Países Bajos**	paisess bachoss
Norwegen	**Noruega**	nor^{u}egga
Österreich	**Austria**	ausstrja
Paraguay	**Paraguay**	parag^{u}ai
Peru	**Perú**	peru
Polen	**Polonia**	polonja
Portugal	**Portugal**	portugall
Rumänien	**Rumania**	rumanja
Schottland	**Escocia**	esskoθja
Schweden	**Suecia**	ss^{u}eθja
Schweiz	**Suiza**	ss^{u}iθa
Sowjetunion	**Unión Soviética**	unjonn ssobjettika
Spanien	**España**	esspanja
Südafrika	**Africa del Sur**	afrika dell ssur
Tschechoslowakei	**Checoslovaquia**	tschekoslobakkja
Tunesien	**Túnez**	tunneθ
Türkei	**Turquía**	turkia
Ungarn	**Hungría**	ungria
Uruguay	**Uruguay**	urug^{u}ai
Vereinigte Staaten	**Estados Unidos**	esstaddoss uniddoss
Venezuela	**Venezuela**	bene^{u}ella
Afrika	**Africa**	afrika
Asien	**Asia**	assja
Australien	**Australia**	ausstralja
Europa	**Europa**	europpa
Nordamerika	**América del Norte**	amerika dell nortee
Südamerika	**América del Sur**	amerika dell ssur

Zahlen *Números*

0	cero	θero
1	uno/una	unno/unna
2	dos	doss
3	tres	tress
4	cuatro	k^{u}atro
5	cinco	θinko
6	seis	ssejss
7	siete	ssjettee
8	ocho	otscho
9	nueve	n^{u}ebbee
10	diez	djeθ
11	once	onθee
12	doce	doθee
13	trece	treθee
14	catorce	katorθee
15	quince	kinθee
16	dieciséis	djeθissejss
17	diecisiete	djeθissjettee
18	dieciocho	djeθjotscho
19	diecinueve	djeθin^{u}ebbee
20	veinte	bejntee
21	veintiuno	bejntijunno
22	veintidós	bejntidoss
23	veintitrés	bejntitress
24	veinticuatro	bejntik^{u}atro
25	veinticinco	bejntiθinko
26	veintiséis	bejntissejss
27	veintisiete	bejntissjettee
28	veintiocho	bejntjotscho
29	veintinueve	bejntin^{u}ebbee
30	treinta	trejnta
31	treinta y uno	trejnta i unno
32	treinta y dos	trejnta i doss
33	treinta y tres	trejnta i tress
40	cuarenta	k^{u}arenta
41	cuarenta y uno	k^{u}arenta i unno
42	cuarenta y dos	k^{u}arenta i doss
43	cuarenta y tres	k^{u}arenta i tress
50	cincuenta	θink^{u}enta
51	cincuenta y uno	θink^{u}enta i unno
52	cincuenta y dos	θink^{u}enta i doss
53	cincuenta y tres	θink^{u}enta i tress
60	sesenta	ssessenta
61	sesenta y uno	ssessenta i unno
62	sesenta y dos	ssessenta i doss

63	**sesenta y tres**	ssessenta i tress
70	**setenta**	ssetenta
71	**setenta y uno**	ssetenta i unno
72	**setenta y dos**	ssetenta i doss
73	**setenta y tres**	ssetenta i tress
80	**ochenta**	otschenta
81	**ochenta y uno**	otschenta i unno
82	**ochenta y dos**	otschenta i doss
83	**ochenta y tres**	otschenta i tress
90	**noventa**	nobenta
91	**noventa y uno**	nobenta i unno
92	**noventa y dos**	nobenta i doss
93	**noventa y tres**	nobenta i tress
100	**cien/ciento***	θjenn/θjento
101	**ciento uno**	θjento unno
102	**ciento dos**	θjento doss
103	**ciento tres**	θjento tress
110	**ciento diez**	θjento djeθ
120	**ciento veinte**	θjento bejntee
130	**ciento treinta**	θjento trejnta
140	**ciento cuarenta**	θjento k^{u}arenta
150	**ciento cincuenta**	θjento θink^{u}enta
160	**ciento sesenta**	θjento ssessenta
170	**ciento setenta**	θjento ssetenta
180	**ciento ochenta**	θjento otschenta
190	**ciento noventa**	θjento nobenta
200	**doscientos**	dossθjentoss
300	**trescientos**	tressθjentoss
400	**cuatrocientos**	k^{u}atroθjentoss
500	**quinientos**	kinjentoss
600	**seiscientos**	ssejssθjentoss
700	**setecientos**	sseteθjentoss
800	**ochocientos**	otschoθjentoss
900	**novecientos**	nobeθjentoss
1 000	**mil**	mill
1 100	**mil cien**	mill θjenn
1 200	**mil doscientos**	mill dossθjentoss
2 000	**dos mil**	doss mill
5 000	**cinco mil**	θinko mill
10 000	**diez mil**	djeθ mill
50 000	**cincuenta mil**	θink^{u}enta mill
100 000	**cien mil**	θjen mill
1 000 000	**un millón**	unn miljonn
1 000 000 000	**mil millones**	mill miljonness

* *cien* wird vor Substantiven und Adjektiven verwendet.

erste	**primero**	primero
zweite	**segundo**	ssegundo
dritte	**tercero**	terθero
vierte	**cuarto**	k^{u}arto
fünfte	**quinto**	kinto
sechste	**sexto**	ssexto
siebte	**séptimo**	sseptimo
achte	**octavo**	oktabbo
neunte	**noveno**	nobenno
zehnte	**décimo**	deθimo
einmal	**una vez**	unna beθ
zweimal	**dos veces**	doss beθess
dreimal	**tres veces**	tress beθess
Hälfte (von)	**la mitad (de)**	la mitadd (de)
halb	**medio**	meddjo
Drittel	**un tercio**	unn terθjo
Viertel	**un cuarto**	unn k^{u}arto
Dutzend	**una docena**	unna doθenna
Paar	**un par**	unn par
Prozent	**por ciento**	por θjento
3,4%	**3,4 por ciento**	tress komma k^{u}atro por θjento

Jahr und Alter *Año y edad*

Jahr	**el año**	ell anjo
Schaltjahr	**el año bisiesto**	ell anjo bissjessto
Jahrzehnt	**la década**	la dekkada
Jahrhundert	**el siglo**	ell ssiglo
dieses Jahr	**este año**	esstee anjo
letztes Jahr	**el año pasado**	ell anjo passaddo
nächstes Jahr	**el año próximo**	ell anjo proximo
jedes Jahr	**cada año**	kadda anjo
vor 2 Jahren	**hace dos años**	aθee doss anjoss
in einem Jahr	**dentro de un año**	dentro de unn anjo
in den achtziger Jahren	**en los años ochenta**	enn loss anjoss otschenta
das 16. Jahrhundert	**el siglo XVI**	ell ssiglo djeθissejss
im 20. Jahrhundert	**en siglo XX**	enn ell siglo bejntee
1981	**mil novecientos ochenta y uno**	mill nobeθjentoss otschenta i unno
1992	**mil novecientos noventa y dos**	mill nobeθjentoss nobenta i doss

Wie alt sind Sie?	¿Cuántos años tiene?	k^{u}antoss anjoss tjennee
Ich bin 30 Jahre alt.	Tengo 30 años.	tengo 30 anjoss
Er/Sie ist 1980 geboren.	Nació en 1980.	naθjo enn 1980
Kindern unter 16 Jahren ist der Zutritt verboten.	No se admiten niños menores de 16 años.	no sse admitten ninjoss menoress de 16 anjoss

Jahreszeiten *Estaciones*

Frühling	la primavera	la primabera
Sommer	el verano	ell berannno
Herbst	el otoño	ell otonjo
Winter	el invierno	ell inbjerno
im Frühling	en primavera	enn primabera
während des Sommers	durante el verano	durantee ell beranno
Hochsaison	alta estación	alta esstaθjonn
Vor-/Nachsaison	baja estación	bacha esstaθjonn

Monate *Meses*

Januar	enero	enero
Februar	febrero	febrero
März	marzo	marθo
April	abril	abrill
Mai	mayo	majo
Juni	junio	chunjo
Juli	julio	chuljo
August	agosto	agossto
September	septiembre	sseptjembree
Oktober	octubre	oktubree
November	noviembre	nobjembree
Dezember	diciembre	diθjembree
im September	en septiembre	enn sseptjembree
seit Oktober	desde octubre	desdee oktubree
Anfang Januar	a principios de enero	a prinθipjoss de enero
Mitte Februar	a mediados de febrero	a medjadoss de febrero
Ende März	a fines de marzo	a finness de marθo
diesen Monat	este mes	esstee mess
im letzten Monat	el mes pasado	ell mess passaddo

Tage – Datum *Días – fechas*

Welchen Tag haben wir heute?	**¿Qué día es hoy?**	ke dia ess oi
Sonntag	**domingo**	domingo
Montag	**lunes**	lunness
Dienstag	**martes**	martess
Mittwoch	**miércoles**	mjerkoless
Donnerstag	**jueves**	ch^{u}ebbess
Freitag	**viernes**	bjerness
Samstag	**sábado**	ssabbado
Den wievielten haben wir heute?	**¿En qué fecha estamos?**	enn ke fetscha esstammoss
Heute ist der 1. Juli.	**Es el primero de julio.**	ess ell primero de chuljo
Wir reisen am 5. Mai ab.	**Nos marcharemos el 5 de mayo.**	nos martscharemoss ell 5 de majo
morgens	**por la mañana**	por la manjanna
vormittags	**por la mañana**	por la manjanna
mittags	**a mediodía**	a medjodia
tagsüber	**durante el día**	durantee ell dia
nachmittags	**por la tarde**	por la tardee
abends	**por la tarde**	por la tardee
nachts	**por la noche**	por la notschee
vorgestern	**anteayer**	anteajer
gestern	**ayer**	ajer
heute	**hoy**	oi
morgen	**mañana**	manjanna
übermorgen	**pasado mañana**	passaddo manjanna
vor 2 Tagen	**hace 2 días**	aθee 2 diass
in 3 Tagen	**en 3 días**	enn 3 diass
letzte Woche	**la semana pasada**	la ssemanna passadda
nächste Woche	**la semana próxima**	la ssemanna proxima
die Woche über	**durante la semana**	durantee la ssemanna
am Wochenende	**el fin de semana**	ell finn de ssemanna
Feiertag	**el día festivo**	ell dia fesstibbo
Ferien	**las vacaciones**	lass bakaθjonness
freier Tag	**el día libre**	ell dia libree
Geburtstag	**el cumpleaños**	ell kumpleanjoss
Namenstag	**el onomástico**	ell onomasstiko
Ruhetag	**el día de descanso**	ell día de desskansso
Urlaub	**el permiso**	ell permisso
Werktag	**el día de trabajo**	ell dia de trabacho

Grüße und Wünsche *Saludos y deseos*

Fröhliche Weihnachten!	**¡Feliz Navidad!**	feliθ nabidadd
Glückliches Neues Jahr!	**¡Feliz Año Nuevo!**	feliθ anjo n^{u}ebbo
Frohe Ostern!	**¡Felices Pascuas!**	feliθess passk^{u}ass
Alles Gute zum Geburtstag!	**¡Feliz cumpleaños!**	feliθ kumpleanjoss
Herzlichen Glückwunsch!	**¡Enhorabuena!**	enorab^{u}enna
Viel Glück!	**¡Buena suerte!**	b^{u}enna ss^{u}ertee
Gute Reise!	**¡Buen viaje!**	b^{u}enn bjachee
Schöne Ferien!	**¡Buenas vacaciones!**	b^{u}ennass bakaθjonness
Viele/Herzliche Grüße	**Muchos saludos/ con un cordial saludo**	mutschoss ssaludoss/ konn unn kordjall ssaluddo
aus...	de...	de...
von...	de...	de...

Feiertage *Días festivos/Fiestas*

1. Januar	**Año Nuevo**	Neujahr
6. Januar	**Epifanía**	Dreikönigstag
19. März	**San José**	St. Joseph
1. Mai	**Día del Trabajo**	Tag der Arbeit
25. Juli	**Santiago Apóstol**	Jakobstag
15. August	**Asunción**	Mariä Himmelfahrt
12. Oktober	**Día de la Hispanidad**	Entdeckung Amerikas
1. November	**Todos los Santos**	Allerheiligen
6. Dezember	**Día de la Constitución Española**	Verfassungstag
8. Dezember	**Inmaculada Concepción**	Mariä Empfängnis
25. Dezember	**Navidad**	Weihnachten
Bewegliche Feiertage:	**Viernes Santo**	Karfreitag
	Lunes de Pascua	Ostermontag (nur Katalonien)
	Corpus Christi	Fronleichnam

ALLERLEI WISSENSWERTES / Informaciones generales

Wie spät ist es?	¿Qué hora es?	
Verzeihung, können Sie mir sagen, wie spät es ist?	Perdone. ¿Puede decirme la hora?	perdonee p^ueddee deθirmee la ora
Es ist...	Es/son...	ess/ssonn
fünf nach eins	la una y cinco	la unna i θinko
zehn nach zwei	las dos y diez	lass doss i djeθ
viertel nach drei	las tres y cuarto	lass tress i k^uarto
zwanzig nach vier	las cuarto y veinte	lass k^uarto i bejntee
fünf vor halb sechs	las cinco y veinticinco	lass θinko i bejntiθinko
halb sieben	las seis y media	lass ssejss i meddja
fünf nach halb sieben	las siete menos veinticinco	lass ssjettee mennoss bejntiθinko
zwanzig vor acht	las ocho menos veinte	lass otscho mennoss bejntee
viertel vor neun	las nueve menos cuarto	lass n^uebbee mennoss k^uarto
zehn vor zehn	las diez menos diez	lass djeθ mennoss djeθ
fünf vor elf	las once menos cinco	lass onθee mennoss θinko
zwölf Uhr	las doce	lass doθee
Mittag/Mitternacht	mediodía/medianoche	medjodia/medjanotschee
Der Zug fährt um...	El tren sale a...	ell trenn ssallee a
13.04 Uhr	las trece y cuatro	lass treθee i k^uarto
0.40 Uhr	las cero horas y cuarenta	lass θero orass i k^uarenta
in fünf Minuten	en cinco minutos	enn θinko minuttoss
in einer Viertelstunde	en un cuarto de hora	en unn k^uarto de ora
vor einer halben Stunde	hace media hora	aθee meddja ora
ungefähr zwei Stunden	aproximadamente dos horas	aproximadamentee doss orass
über 10 Minuten	más de diez minutos	mass de djeθ minuttoss
weniger als 30 Sekunden	menos de treinta segundos	mennoss de trejnta ssegundoss
Die Uhr geht vor/nach.	El reloj adelanta/atrasa.	ell reloch adelanta/atrassa
früh/spät	temprano/tarde	tempranno/tardee
rechtzeitig	a tiempo	a tjempo

ZAHLEN, Seite 149

Abkürzungen *Abreviaturas*

A.C.	año de Cristo	nach Christus
a/c	al cuidado de	c/o, bei
a. de J.C.	antes de Jesucristo	vor Christus
admón.	administración	Verwaltung
apdo.	apartado de correos	Postfach
Av., Avda.	Avenida	Allee
Cª., Cía.	Compañía	Kompanie, Gesellschaft
C/	Calle	Straße
cta.	cuenta	Rechnung
cte.	corriente	dieses Monats
CV	caballo de vapor	Pferdestärke
D.	Don	Herr
Da., Dª.	Doña	Frau (vor dem Vornamen)
f.c.	ferrocarril	Eisenbahn, Zug
G.C.	Guardia Civil	Spanische Polizei
gral.	general	allgemein, generell
h.	hora	Stunde, Uhrzeit
hab.	habitantes	Einwohner
nº., núm.	número	Nummer
pág.	página	Seite
p. ej.	por ejemplo	zum Beispiel
P.P.	porte pagado	franko(frei)
pta., ptas.	peseta(s)	Peseten
R.A.C.E.	Real Automóvil Club de España	Königlich-Spanischer Automobilklub
R.C.	Real Club...	Königlicher Klub...
RENFE	Red Nacional de los Ferrocarriles Españoles	Staatliches Netz der spanischen Eisenbahnen
R.N.E.	Radio Nacional de España	Staatliches Spanisches Radio
Rte.	Remite, Remitente	Absender
S.A.	Sociedad Anónima	Aktiengesellschaft
s.a.s.s.	su atento y seguro servidor	mit vorzüglicher Hochachtung
sgte.	siguiente	folgende(r)
S., Sta.	San, Santa	heilig
Sr., Sres.	Señor, Señores	Herr, Herren
Sra., Srta.	Señora, Señorita	Frau, Fräulein
TVE	Televisión Española	Spanisches Fernsehen
Ud., Vd.	Usted	Sie (Anredeform, Einzahl)
Uds., Vds.	Ustedes	Sie (Anredeform, Mehrzahl)
v.g./v.gr.	verbigracia	zum Beispiel

Aufschriften und Hinweise — *Letreros e indicaciones*

Abajo	Unten/Hinunter
Abierto	Offen
Arriba	Oben/Hinauf
Ascensor	Aufzug
Averiado	Außer Betrieb
Caballeros	Herren
Caja	Kasse
Caliente	Heiß
Carretera particular	Privatstraße
Cerrado	Geschlossen
Cierre la puerta	Türe schließen
Completo	Vollbesetzt/Ausverkauft
Cuidado	Vorsicht
Cuidado con el perro	Vorsicht bissiger Hund
Empujar	Drücken/Stoßen
Entrada	Eingang
Entrada libre	Eintritt frei
Entre sin llamar	Eintreten ohne zu klopfen
Frío	Kalt
Libre	Frei
No molestar	Nicht stören
No obstruya la entrada	Eingang freihalten
No tocar	Nicht berühren
Ocupado	Besetzt
Peligro	Gefahr
Peligro de muerte	Lebensgefahr
Pintura fresca	Frisch gestrichen
Privado	Privat
Prohibido arrojar basuras	Abfälle wegwerfen verboten
Prohibido entrar	Zutritt verboten
Prohibido fumar	Rauchen verboten
Prohibida la entrada a personas no autorizadas	Nicht berechtigten Personen ist der Zutritt verboten
Rebajas	Schlußverkauf
Reservado	Reserviert
Sala de espera	Wartezimmer
Salida	Ausgang
Salida de emergencia	Notausgang
Se alquila	Zu vermieten
Se vende	Zu verkaufen
Sendero para bicicletas	Fahrradweg
Señoras	Damen
Servicios	Toiletten
Tirar	Ziehen
Toque el timbre, por favor	Bitte klingeln

Notfall *Urgencia*

ACHTUNG	**ATENCION**	atenθjonn
Beeilen Sie sich	**Dése prisa**	dessee prissa
Botschaft	**Embajada**	embachadda
FEUER	**FUEGO**	f^{u}eggo
Gas	**Gas**	gass
GEFAHR	**PELIGRO**	peligro
Gehen Sie weg	**Váyase**	bajassee
Gift	**Veneno**	benenno
HALT	**DETENGASE**	detengassee
Haltet den Dieb	**Al ladrón**	al ladronn
HILFE	**SOCORRO**	sokorro
Holen Sie schnell Hilfe	**Busque ayuda, rápido**	busskee ajudda rappiddo
Ich bin krank	**Estoy enfermo(a)**	esstoi enfermo(a)
Ich habe mich verirrt	**Me he perdido**	me e perdiddo
Konsulat	**Consulado**	konssuladdo
Krankenwagen	**Ambulancia**	ambulanθja
Lassen Sie mich in Ruhe	**Déjeme en paz**	dechemee enn paθ
POLIZEI	**POLICIA**	poliθia
Rufen Sie die Polizei	**Llame a la policía**	ljammee a la poliθia
Rufen Sie einen Arzt	**Llame a un doctor**	ljammee a unn doktor
Vorsicht	**CUIDADO**	k^{u}idaddo

Notrufnummer *Número de urgencia*

Polizeinotruf in ganz Spanien: **091**

Fundsachen – Diebstahl *Objetos hallados – Robo*

Wo ist das Fundbüro/die Polizeiwache?	**¿Dónde está la oficina de objetos perdidos/la comisaría de policía?**	dondee essta la ofiθinna de obchettoss perdidoss/ la komissaria de poliθia
Ich möchte einen Diebstahl anzeigen.	**Quisiera denunciar un robo.**	kissjera denunθjar unn robbo
Mein(e)... ist mir gestohlen worden.	**Me han robado...**	me ann robaddo
Ich habe... verloren.	**He perdido...**	e perdiddo
Brieftasche	**la cartera**	la kartera
Geld	**el dinero**	ell dinero
Handtasche	**el bolso**	ell bolsso
Reisepaß	**el pasaporte**	ell passaportee

AUTOUNFÄLLE, Seite 79

Kurzgrammatik

Artikel

Sie stimmen in Geschlecht und Zahl mit dem Substantiv überein. Es gibt zwei Geschlechter: männlich und weiblich.

1. Bestimmter Artikel (der/die/das und Mehrzahl die).

	Einzahl		Mehrzahl
männlich	**el tren**	(der Zug)	**los trenes**
weiblich	**la casa**	(das Haus)	**las casas**

2. Unbestimmter Artikel (ein/eine und Mehrzahl).

männlich	**un lápiz**	(ein Bleistift)	**unos lápices**
weiblich	**una carta**	(ein Brief)	**unas cartas**

Substantive

1. Die meisten Substantive auf **-o** sind männlich, jene mit der Endung **-a** im allgemeinen weiblich.

el vestido	(das Kleid)	**la camisa**	(das Hemd)

2. Die Mehrzahl bildet man durch Anhängen von **-s** bzw. **-es**.

el hombre – los hombres (der Mann – die Männer)
el hotel – los hoteles (das Hotel – die Hotels)

3. Der Genitiv wird mit der Präposition **de** (von) gebildet.

el fin de la fiesta   das Ende des Festes
el principio del* mes   der Monatsanfang
las maletas de los viajeros die Koffer der Reisenden

* del ist die Zusammenziehung von **de** + **el**.

Adjektive

1. Sie richten sich in Geschlecht und Zahl nach dem Substantiv. In der Regel steht das Adjektiv *nach* dem Substantiv.

el niño pequeño   der kleine Junge
la niña pequeña   das kleine Mädchen
los niños pequeños die kleinen Kinder

Bei Adjektiven, die auf **-e** oder Konsonant enden, gibt es in der Regel nur eine Form für männlich und weiblich.

el muro grande/la casa grande   die große Mauer/das große Haus
el mar azul/la flor azul   das blaue Meer/die blaue Blume

2. Komparativ bzw. Superlativ werden gebildet, indem **más** bzw. **lo más** vor das Adjektiv gestellt werden.

alto	hoch
más alto	höher
lo más alto	am höchsten

Einige Adjektive haben im Komparativ und Superlativ Sonderformen:

bueno (gut)	mejor	óptimo (lo mejor)
malo (schlecht)	peor	pésimo (lo peor)
grande (groß)	mayor	máximo (lo más grande)
pequeño (klein)	menor	mínimo (lo más pequeño)

Adverb

Das Adverb wird durch Anhängen der Endung **-mente** an die weibliche Form des Adjektivs gebildet (wenn diese von der männlichen abweicht), sonst wird **-mente** an die männliche Form angehängt.

cierto(a)	sicher	**ciertamente**
fácil	leicht	**fácilmente**

Personalpronomen

	1. Fall (Nom.)	3. Fall (Dat.)	4. Fall (Akk.)	nach einer Präposition
ich	yo	me	me	mí
du	tú	te	te	ti
er/sie	él/ella	le	lo/la	él/ella
es (unpers.)	ello	le	lo	ello
Sie (Einz.)	usted	le	lo/la	usted
wir	nosotros(as)	nos	nos	nosotros(as)
ihr	vosotros(as)	os	os	vosotros(as)
sie (m./w.)	ellos(as)	les	los/las	ellos(as)
Sie (Mehrz.)	ustedes	les	los/las	ustedes

Demonstrativpronomen

	männlich	weiblich	sächlich
dieser/diese/dieses	**éste**	**ésta**	**esto**
diese (Mehrzahl)	**éstos**	**éstas**	
jener/jene/jenes	**ése**	**ésa**	**eso**
	aquél	**aquella**	**aquello**
jene (Mehrzahl)	**ésos/ aquellos**	**ésas/ aquellas**	**esos/ aquellos**

Die Unterschiede zwischen den drei Formen sind folgende:
éste deutet auf einen ganz in der Nähe liegenden Gegenstand hin, **ése** auf einen etwas entfernteren und **aquél** auf einen außer Reichweite befindlichen.

Compro este libro.   Ich kaufe dieses Buch.
¿Conoce usted a ese señor?   Kennen Sie den Herrn dort drüben?

Possessivpronomen

	unbetont	betont
mein, meine	**mi**	**mío(a)**
dein, deine	**tu**	**tuyo(a)**
sein/ihr, seine/ihre	**su**	**suyo(a)**
Ihr, Ihre	**su**	**suyo(a)**
unser, unsere	**nuestro(a)**	**nuestro(a)**
euer, eure	**vuestro(a)**	**vuestro(a)**
ihr, ihre	**su**	**suyo(a)**

Das unbetonte Possessivpronomen steht immer vor dem Substantiv und stimmt in Geschlecht und Zahl mit ihm überein. Die betonte Form steht nach dem Substantiv oder alleine. Die Mehrzahl wird wie beim Substantiv gebildet.

su hijo   sein Sohn, ihr Sohn oder Ihr Sohn
sus maletas   seine Koffer, ihre Koffer oder Ihre Koffer (die Bedeutung ergibt sich aus dem Zusammenhang)

Este libro es mío.   Das ist *mein* Buch. (betont)
un amigo suyo   ein Freund von ihm (von ihr, ihnen, Ihnen)

Hilfsverben

	ser (sein)	estar (sein)	haber (haben)
yo*	soy	estoy	he
tú	eres	estás	has
él/ella	es	está	ha
usted	es	está	ha
nosotros(as)	somos	estamos	hemos
vosotros(as)	sois	estáis	habéis
ellos(as)	son	están	han
ustedes	son	están	han

»Sein« kann mit **ser** oder **estar** übersetzt werden: **ser** beschreibt einen andauernden Zustand, **estar** eine Bewegung oder einen zeitweiligen Zustand.

Carmen es guapa.   Carmen ist hübsch.
Mi amiga está enferma.   Meine Freundin ist krank.

Haber wird nur für zusammengesetzte Zeiten verwendet, z.B. **me he perdido** (ich habe mich verirrt).

Regelmäßige Verben

	-ar amar (lieben)	-er comer (essen)	-ir vivir (leben)
yo*	amo	como	vivo
tú	amas	comes	vives
él/ella	ama	come	vive
usted	ama	come	vive
nosotros(as)	amamos	comemos	vivimos
vosotros(as)	amáis	coméis	vivís
ellos(as)	aman	comen	viven
ustedes	aman	comen	viven

---

* Als Subjekt (im Nominativ) werden die Personalpronomen gewöhnlich weggelassen, außer in der Höflichkeitsform (**usted/ustedes**, abgekürzt **Vd./Vds.**).

Unregelmäßige Verben

	poder (können)	ir (gehen)	ver (sehen)	tener (haben)
yo	puedo	voy	veo	tengo
tú	puedes	vas	ves	tienes
él/ella	puede	va	ve	tiene
usted	puede	va	ve	tiene
nosotros(as)	podemos	vamos	vemos	tenemos
vosotros(as)	podéis	vais	veis	tenéis
ellos(as)	pueden	van	ven	tienen
ustedes	pueden	van	ven	tienen

Verneinung

Die Verneinung erfolgt durch Einschieben des Wörtchens **no** (= nicht) vor das Verb:

| Es nuevo. | Es ist neu. |
| No es nuevo. | Es ist nicht neu. |

Steht im bejahten Satz kein Artikel, so wird im verneinten Satz »kein« mit **no** übersetzt.

| Tengo tiempo. | Ich habe Zeit. |
| No tengo tiempo. | Ich habe keine Zeit. |

Fragen

Fragen werden meistens durch Veränderung des Tonfalls gebildet. Auch hier wird das Pronomen meist weggelassen.

| Hablo español. | Ich spreche Spanisch. |
| ¿Habla español? | Sprechen Sie Spanisch? |

Man beachte das doppelte Fragezeichen im Spanischen, dasselbe gilt für das Ausrufezeichen:

| ¡Dése prisa! | Beeilen Sie sich! |

Wörterverzeichnis
und alphabetisches Register

Deutsch-Spanisch

f weiblich   *m* männlich   *pl* Mehrzahl

Aal anguila *f* 41
abbiegen doblar 21, 77
Abend noche *f* 10, 87, 95, 143, 153
Abendessen cena *f* 34
Abendgarderobe traje de noche *m* 88
Abendkleid traje de noche *m* 112
abends por la tarde 153
aber pero 15
abfahren salir 67, 68, 80
Abfahrt salida *f* 67
Abfall basura *f* 157
Abflug salida *f* 71
Abführmittel laxante *m* 105
abheben retirar 130
abholen recoger 80
Abkürzung abreviatura *f* 156
abreisen marcharse 31, 153
Absatz *(Schuh)* tacón *m* 114
Abschleppwagen coche grúa *m* 78
Abschürfung arañazo *m* 139
Abszeß flemón *m* 145
Abtei abadía *f* 81
Abteil departamento *m* 70
Abteilung departamento *m* 103
Abzug *(Foto)* copia *f* 120
acht ocho 149
achte octavo(a) 151
Achtung atención *f* 158
achtzehn dieciocho 149
achtzig ochenta 150
Adresse señas *f/pl* 21, 102; dirección *f* 76, 79, 99, 146
Adressenbüchlein librito de direcciones *m* 115
Afrika Africa *f* 148
Aktie acción *f* 131

Alkohol alcohol *m* 37
alkoholfrei sin alcohol 60
allein solo(a) 93
allergisch alérgico(a) 143
alles todo 24, 31, 62
allgemein general 26, 100
Alphabet alfabeto *m* 9
als *(Vergleich)* que 14
alt viejo(a) 14
Alter edad *f* 151
Altstadt ciudad vieja *f* 81
Aluminiumfolie papel de aluminio *m* 117
Amethyst amatista *f* 123
Ampel semáforo *m* 77
an a, en 15
Ananas piña *f* 42, 53, 60
Andenken recuerdo *m* 127
Andenkenladen tienda de objetos de regalo *f* 98
andere otro(a) 109
ändern *(Kleidung)* arreglar 111
Anfang principio *m* 152
Angelgerät aparejo de pesca *m* 117
angeln pescar 91
Angelschein licencia de pesca *f* 91
angenehm agradable 31
Anhänger *(Schmuck)* medallón *m* 122
ankommen llegar 11, 67, 69, 71
Ankunft llegada *f* 71
anlegen atracar 74
Anlegeplatz lugar de embarco *m* 74
anmelden *(Friseur, Arzt)* pedir hora 30
Anmeldeschein ficha de inscripción *f* 25, 26
Anmeldung *(Hotel)* inscripción *f* 25

annähen — 165 — automatisch

annähen coser 29
annullieren anular 71
anprobieren probarse 111
Anruf llamada *f* 136
anrufen llamar 136
Anschluß correspondencia *f* 67
Anschrift dirección *f* 79
Ansichtskarte postal (ilustrada) *f* 115
anspringen *(Auto)* arrancar 78
ansteckend contagioso(a) 142
Anstecknadel alfiler *m* 122
Antibiotikum antibiótico *m* 143
antiquarisch de segunda mano 115
Antiquitäten antigüedades *f/pl* 83
Antiquitätengeschäft tienda de antigüedades *f* 98
Antiseptikum antiséptico *m* 140
antworten contestar 136
anzeigen *(Polizei)* denunciar 158
Anzug traje *m* 112
Aperitif aperitivo *m* 55
Apfel manzana *f* 53, 60, 63, 124
Apfelsaft zumo de manzana *m* 60
Apfelsine naranja *f* 53, 60, 64
Apotheke farmacia *f* 98, 104
Aprikose albaricoque *m* 53, 124
April abril *m* 150
arbeiten trabajar 93
Archäologie arqueología *f* 83
Architekt arquitecto *m* 83
Architektur arquitectura *f* 83
Arena plaza de toros *f* 81
Arm brazo *m* 138, 139
Armband pulsera *f* 122
Armbanduhr reloj de pulsera *m* 122
Ärmel manga *f* 112, 142
Armreif brazalete *m* 122
Arterie arteria *f* 138
Artikel artículo *m* 100
Artischocke alcachofa *f* 41, 44, 50
Arzneien productos farmacéuticos *m/pl* 104
Arzt médico *m* 79, 137, 144; doctor *m* 158
ärztlich médico(a) 144
Arztpraxis consulta *f* 137
Aschenbecher cenicero *m* 27, 36
Asien Asia *f* 148
Asthma asma *f* 141
Atembeschwerden dificultades respiratorias *f/pl* 141
atmen respirar 142
auch también 15

auf sobre, en 15
Aufenthalt estancia *f* 31
Aufführung representación *f* 86
aufgeben *(Gepäck)* facturar 70; *(Post)* mandar 28
aufmachen abrir 69, 142
Aufnahme *(Foto)* exposición *f* 120
aufschreiben escribir 12, 101
Aufschrift letrero *m* 157
aufstehen levantarse 144
Auf Wiedersehen adiós 10
Aufzug ascensor *m* 27, 103, 157
Auge ojo *m* 125, 138, 139
Augenarzt oculista *m* 137
Augenblick momento *m* 12
Augentropfen gotas para los ojos *f/pl* 105
August agosto *m* 152
Ausdruck expresión *f* 12, 131
Ausfahrt salida *f* 79; *(Ausflug)* paseo en coche *m* 96
Ausflug excursión *f* 80
ausfüllen llenar 26, 133, 144
Ausgang salida *f* 66, 103, 157
ausgeben gastar 101
ausgehen salir 96
Auskunft información *f* 66; *(Telefon-)* telefonista *f* 134
Auskunftsbüro oficina de información *f* 66
Ausland extranjero *m* 133
ausländisch extranjero(a) 59, 102
Auspuff tubo de escape *m* 78
Ausrüstung equipo *m* 92, 117
Ausschlag sarpullido *m* 139
außer excepto 15
Aussicht vista *f* 25
Aussprache pronunciación *f* 12
aussteigen apearse 73
Ausstellung exposición *f* 81
Auster ostra *f* 42
Australien Australia *f* 148
Ausverkauf liquidación *f* 99
ausverkauft agotado(a) 88; completo(a) 157
auswechseln cambiar 125
ausziehen, sich desvestirse 142
Auto coche *m* 19, 20, 32, 75, 76, 78, 79
Autobahn autopista *f* 76, 79
Autobahngebühr peaje *m* 75, 79
Autofähre transbordador *m* 74
automatisch automático(a) 20, 120, 122

Autoradio autorradio *f* 119
Autorennen carrera de automóviles *f* 90
Autoverleih alquiler de coches *m* 20
Avocado aguacate *m* 41

B

Baby bebé *m* 24
Babysitter niñera *f* 27
Bach arroyo *m* 85
Bäckerei panadería *f* 98
Bad *(Hotel)* baño *m* 23, 25, 26
Badeanzug traje de baño *m* 112
Badehose bañador *m* 112
Badekabine cabina de baños *f* 92
Badekappe gorro de baño *m* 112
Bademantel albornoz *m* 112
Bademeister bañero *m* 92
Bademütze gorro de baño *m* 112
baden bañarse 92
Badesalz sales de baño *f/pl* 106
Badetuch toalla de baño *f* 27
Badezimmer cuarto de baño *m* 27
Bahnhof estación (de ferrocarril) *f* 19, 21, 66, 72
Bahnsteig andén *m* 66, 67, 68, 69
bald pronto 15
Balkon balcón *m* 23; *(Theater)* galería *f* 88
Ball pelota *f* 128
Ballett ballet *m* 87
Banane plátano *m* 53, 63
Bank banco *m* 18, 99, 129, 130
barock barroco(a) 83
Barsch perca *f* 46
Barscheck cheque personal *m* 130
Bart barba *f* 31
Basilikum albahaca *f* 51
Basketball baloncesto *m* 90
Batist batista *f* 110
Batterie batería *f* 75, 78; pila *f* 119, 121
bauen construir 83
Bauernhof granja *f* 85
Baukasten caja de construcción *f* 128
Baum árbol *m* 85
Baumwolle algodón *m* 110
Becher tazón *m* 118
Bedarfshaltestelle parada facultativa *f* 73
bedeuten querer decir 11, 25
bedienen servir 36
Bedienung servicio *m* 100

Beefsteak biftec *m* 47
beeilen, sich darse prisa 158
beginnen empezar 80, 85, 88
begleiten acompañar 96
Begrüßung saludo *m* 10
behalten quedarse con 62
Behandlung tratamiento *m* 143
behindert incapacitado(a) 82
bei cerca de 15
beige beige 109
Bein pierna *f* 138
Bekleidung ropa *f* 108
bekommen conseguir 11, 32, 77
Belgien Bélgica *f* 147
Belichtungsmesser exposímetro *m* 121
benachrichtigen avisar 144
benutzen usar 134
Benzin gasolina *f* 75, 78
Benzinkanister bidón de gasolina *m* 78
berechnen cobrar 24
Berg montaña *f* 85
Bergschuh bota de montañero *f* 114
Bergsteigen alpinismo *m* 91
Bernstein ámbar *m* 123
Beruf profesión *f* 25
Beruhigungsmittel sedante *m* 143
berühren tocar 157
Bescheid sagen avisar 69
Beschreibung descripción *f* 100
besetzt ocupado(a) 14, 23, 69, 136, 157
besichtigen visitar 84
Besichtigung visita turística *f* 80
besorgen procurar 27; conseguir 131
besser mejor 25, 110
bestätigen confirmar 71
Bestätigung confirmación *f* 23
beste mejor 160
Besteck cubiertos *m/pl* 118, 122
bestellen pedir 21, 36, 61; encargar 102, 103; llamar 31
besuchen ir a ver 95
Besuchszeit horas de visita *f/pl* 144
Betrag suma *f* 131; cantidad *f* 62
Bett cama *f* 23, 24, 142; *(Zug, Schiff)* litera *f* 70
Bettpfanne silleta *f* 144
Beule chichón *m* 139
bewachen guardar 77
bewegen mover 139
bewußtlos inconsciente 139
bezahlen pagar 17, 62, 67, 102, 136
Bibliothek biblioteca *f* 81, 99

Bier cerveza f 59
Bikini bikini m 112
Bilanz balance m 131
Bild cuadro m 83
Bilderbuch libro con imágenes m 115
Bildhauer escultor m 83
Bildhauerei escultura f 83
billig barato(a) 24, 25
Binde venda f 105
Bindfaden cordel m 115
Birne *(Frucht)* pera f 53; *(Glüh-)* bombilla f 28, 75, 119
bis hasta 15
Bißwunde mordedura f 139
bitte por favor 10
bitten pedir 136
bitter amargo(a) 61
Blase *(Organ)* vejiga f 138; *(Haut-)* ampolla f 139
Blasenentzündung cistitis f 142
Blatt hoja f 51
blau azul 109
bleiben quedarse 16, 24, 26, 142
bleifrei sin plomo 75
Bleistift lápiz m 115
Bleistiftspitzer sacapuntas m 115
Blick vista f 23
Blinddarmentzündung apendicitis f 142
Blitz rayo m 94
Blitzlicht flash m 121
Blume flor f 85
Blumengeschäft florería f 98
Blumenkohl coliflor f 50
Bluse blusa f 112
Blut sangre f 142
Blutdruck presión (sanguínea) f 141, 142
bluten sangrar 139, 145
Blutprobe muestra de sangre f 142
Bluttransfusion transfusión de sangre f 144
Bohne judía f 50
Bonbon caramelo m 63, 124, 126
Boot barco m 74
Börse bolsa f 81
Botanik botánica f 83
botanischer Garten jardín botánico m 81
Botschaft embajada f 158
Boxen boxeo m 90
Brandwunde quemadura f 139
Braten asado m 48

Brathähnchen pollo asado m 49, 64
Bratpfanne sartén f 117
brauchen necesitar 13, 29, 91, 130, 137, 146; *(Zeit)* tardar 76, 133
braun marrón 109
Brausetablette comprimido efervescente m 105
brechen romper 139
breit ancho(a) 101
Bremse freno m 78
Bremsflüssigkeit líquido de frenos m 78
Bremslicht luz de freno f 78
Brennspiritus alcohol de quemar m 117
Brief carta f 132, 133
Briefkasten buzón m 132
Briefmarke sello m 28, 132, 133
Briefpapier papel de cartas m 27, 115
Brieftasche cartera f 158
Briefumschlag sobre m 27, 115
Brille gafas f/pl 125
Brillenetui estuche para gafas m 125
bringen traer 13, 38, 58, 59; llevar 18, 21
Brombeere zarzamora f 53
Brosche broche m 122
Brot pan m 37, 38, 63, 124
Brötchen panecillo m 38, 63
Brücke puente m 85
Bruder hermano m 94
Brunnen fuente f 81
Brust pecho m 138, 141
Brustkorb tórax m 138
Buch libro m 12, 115
Buchhandlung librería f 98, 115
Büchse lata f 124
Büchsenöffner abrelatas m 117
buchstabieren deletrear 12
Bügeleisen plancha f 119
bügeln planchar 29
Bungalow bungalow m 32, 146
bunt multicolor 109
Burg castillo m 81
Büro oficina f 80
Büroklammer sujetapapeles m 115
Bürste cepillo m 107
Bus autobús m 11, 18, 19, 66, 71, 72, 73; *(Überland-)* autocar m 72, 80
Bushaltestelle parada de autobús f 19, 72, 73
Büstenhalter sostén m 112
Butangas gas butano m 32, 117
Butter mantequilla f 37, 38, 63

C

Café café *m* 33
Camping camping *m* 32, 117
Campingausrüstung equipo de camping *m* 117
Campingbett cama de campaña *f* 117
Campingplatz camping *m* 32
CD disco compacto *m* 127
Champignon champiñón *m* 41, 50
chemische Reinigung tintorería *f* 29, 99
China China *f* 147
Chirurg cirujano *m* 144
Chrom cromo *m* 123
Cousin primo *m* 94
Cousine prima *f* 94
Creme crema *f* 106

D

Dame señora *f* 108, 157
Damenbinde paño higiénico *m* 105
Damenschneider/-in modisto *m*/modista *f* 99
Dampfschiff barco de vapor *m* 74
danke gracias 10
dann entonces 15
Darm intestino *m* 138
das el, la 159
Dattel dátil *m* 53
Datum fecha *f* 25, 153
dauern durar 72, 74; tardar 61, 79, 86, 102
Dauerwelle permanente *f* 30
Daumen pulgar *m* 138
Deck cubierta *f* 74
Decke manta *f* 27
dein tu 161
denken opinar 93
Denkmal monumento *m* 81
Deodorant desodorante *m* 106
der el, la 159
Desinfektionsmittel desinfectante *m* 105
deutsch alemán, alemana 115, 126
Deutsch *(Sprache)* alemán *m* 12, 80, 82, 84, 115, 137
Deutschland Alemania *f* 132, 134, 147; *(BRD)* República Federal de Alemania *f* 147; *(DDR)* República Democrática Alemana *f* 147
Dezember diciembre *m* 152
Dia diapositiva *f* 120
Diabetiker diabético *m* 37, 141

Diamant diamante *m* 123
Diät dieta *f* 37; régimen *m* 146
dick grueso(a) 110; *(Kleidungsstück)* de abrigo 113
die el, la 159
Dieb ladrón *m* 158
Diebstahl robo *m* 158
Dienstag martes *m* 153
Diesel diesel *m* 75
dieser éste, esto 161
direkt directo(a) 71
Direktor director *m* 27
Dirigent director de orquesta *m* 87
Disc Film disco-película *m* 120
Diskothek discoteca *f* 88
D-Mark marco alemán *m* 18, 130
Dolmetscher/-in intérprete *m/f* 131
Donner trueno *m* 95
Donnerstag jueves *m* 153
Doppelbett cama matrimonial *f* 23
Doppelzimmer habitación doble *f* 19, 23
Dorf pueblo *m* 85
dort allí 14
Dose lata *f* 124
Dosenöffner abrelatas *m* 117
draußen fuera 14
Drehbleistift portaminas *m* 115
drei tres 149
dreißig treinta 149
dreizehn trece 149
dringend urgente 14, 145
drinnen dentro 14
Drittel tercio *m* 151
dritte tercero(a) 151
Drogerie droguería *f* 98, 104
Druck presión *f* 75, 141, 142
drücken empujar 157
Druckknopf broche automático *m* 113
Druckschlagpapier papel para copias *m* 115
du tú 160
dunkel oscuro(a) 25, 101, 109; *(Bier, Tabak)* negro(a) 59, 126
dünn delgado(a) 110
durch a través de 15
Durchfall diarrea *f* 140
durchgehend *(Zug)* directo 68
durchreisen estar de paso 16
Durchschlagpapier papel para copias *m* 115
durchwählen marcar directamente 134
Durst sed *f* 13, 35
Dusche ducha *f* 23, 28, 32
Dutzend docena *f* 151

E

Ebbe marea baja f 92
echt auténtico(a) 122; *(Leder)* legítimo(a) 114
Ecke esquina f 21, 77; rincón m 36
Edelstein piedra preciosa f 122
Ehering anillo de boda m 123
Ei huevo m 38, 42, 44, 63
Eilboten *(per)* urgente 132
eilig haben tener prisa 21, 36
Eimer cubo m 128
ein uno(a) 159
Einbahnstraße calle de dirección única f 77
einchecken presentarse 71
eindrucksvoll impresionante 84
einfach sencillo(a) 59, 120; *(Fahrt)* ida f 68
Eingang entrada f 66, 103, 157
einige unos(as) 14; algunos(as) 14, 15
Einkaufen compras f/pl 97
Einkaufsviertel barrio comercial m 100
Einkaufszentrum centro comercial m 98
einladen invitar 95
Einladung invitación f 95
einlaufen *(Stoff)* encoger 111
einlösen *(Scheck)* cobrar 18, 129, 130; hacer efectivo 130, 133
einmal una vez 151
einpacken envolver 102
eins uno(a) 149
Einschreiben correo certificado m 132
einstellen *(Gepäck)* dejar 70
Eintritt entrada f 82, 157
einzahlen acreditar 130
Einzahlung depósito m 130
Einzelkabine camarote sencillo m 74
Einzelzimmer habitación sencilla f 19, 23
Eis hielo m 95; *(Speise-)* helado m 54, 63
Eisenwarenhandlung ferretería f 98
Eislaufen patinaje sobre hielo m 91
Eiswürfel cubito de hielo m 27
elastische Binde venda elástica f 105
elegant elegante 100
elektrisch eléctrico(a) 78, 119
Elektrogeschäft tienda de artículos eléctricos f 98, 119
elektronisch electrónico(a) 121, 125
elf once 149
Elfenbein marfil m 123
Eltern padres m/pl 94

Email esmalte m 123
Empfang recepción f 23
Empfangschef recepcionista m 27
empfehlen recomendar 35, 80, 86, 88, 137, 144; aconsejar 36, 41, 50
Empfehlung recomendación f 146
Empfehlungsschreiben carta de presentación f 130
Ende final m 68; fin m 152
Endstation término m 73
eng estrecho(a) 114; *(Kleidung)* ajustado(a) 111
England Inglaterra f 147
Ente pato m 49
entfernen quitar 29
Entfernungsmesser telémetro m 121
enthalten contener 37
Entscheidung decisión f 25, 101
Entschuldigung! ¡perdón! 10
entwickeln *(Film)* revelar 120
Entzündung inflamación f 142
er él 160
Erbse guisante m 50
Erdbeere fresa f 53, 54
Erdnuß cacahuete m 53
erfreut encantado(a) 10
Erfrischungsgetränk refresco m 40
erheben *(Gebühr)* cargar 130
Erholung convalecencia f 146
Erkältung resfriado m 104, 141
erklären explicar 12
Ermäßigung reducción f 24, 82
eröffnen *(Konto)* abrir 130
Ersatzmine mina de recambio f 115
Ersatzpatrone cartucho de recambio m 115
Ersatzreifen neumático de repuesto m 75
erstaunlich asombroso(a) 84
erste primero(a) 67, 73, 77, 93, 142, 151
erwarten esperar 130
Espresso café exprés m 60
Essen comida f 61, 62
essen comer 36, 37, 144
Essig vinagre m 37
Etage piso m 26
Etikett etiqueta f 115
Etui estuche m 125
etwas algo 24, 36
Eurocheque eurocheque m 102, 130
Europa Europa f 148
evangelisch protestante 84
Expreß urgente 132

F

Fabrik fábrica *f* 81
Fächer abanico *m* 127
Faden hilo *m* 27
Fähre transbordador *m* 74
fahren ir 11, 21, 72, 73, 76, 77; conducir 76; *(abfahren)* salir 72, 73, 74, 155
Fahrkarte billete *m* 68
Fahrkartenschalter taquilla *f* 19, 66
Fahrplan horario *m* 67
Fahrpreis tarifa *f* 21, 68
Fahrrad bicicleta *f* 74
Fahrscheinheft abono de billetes *m* 72
Fahrstuhl ascensor *m* 27
Fahrt *(Reise)* viaje *m* 72
falsch incorrecto(a) 14
Familie familia *f* 94, 144
Familienname apellido *m* 25
Farbband cinta mecanográfica *f* 116
Farbe color *m* 101, 109, 121
farbecht de color estable 111
Färbemittel tinte *m* 107
Farbfernseher televisor en color *m* 119
Farbfilm rollo en color *m* 120
Farbspülung reflejos *m/pl* 30
Farbstift lápiz de color *m* 116
Farbtabelle muestrario *m* 30
Februar febrero *m* 152
fehlen faltar 18, 29, 61
Feiertag día festivo *m*, fiesta *f* 153, 154
Feige higo *m* 53
Feile lima *f* 106
Feld campo *m* 85
Feldflasche cantimplora *f* 117
Fenster ventana *f* 28, 69
Fensterladen postigo *m* 29
Ferien vacaciones *f/pl* 16, 153, 154
Ferienhaus casa de vacaciones *f* 22
Ferienwohnung piso para vacaciones *m* 22
Fernglas binoculares *m/pl* 125
Fernschreiben télex *m* 133
Fernseher televisor *m* 23, 28, 119
fertig listo(a) 29, 121, 145
Festung fortaleza *f* 81; alcázar *m* 81
Fett grasa *f* 37
fettig *(Haar)* graso(a) 30
Feuer fuego *m* 96, 158
Feuerzeug encendedor *m* 122, 126
Fieber fiebre *f* 104, 140; temperatura *f* 140

Fieberthermometer termómetro *m* 105
Film *(Fotoapparat)* carrete *m* 120; *(Filmkamera)* película *f* 120, 121; *(Kino)* película *f* 86
Filmkamera cámara de filmar *f* 120
Filter filtro *m* 121, 126
Filz fieltro *m* 110
Filzstift rotulador *m* 116
finden encontrar 11, 12, 84
Finger dedo *m* 138
Fisch pescado *m* 43, 45, 64
Fischhandlung pescadería *f* 98
flach plano(a) 114
Flanell franela *f* 110
Flasche botella *f* 17, 58, 59, 124
Flaschenöffner abridor de botellas *m* 117
Fleck mancha *f* 29
Fleisch carne *f* 47, 61
Fleischerei carnicería *f* 98
flicken remendar 29; arreglar 75
Fliege *(Krawatte)* corbata de lazo *f* 112
Flohmarkt mercado de ocasiones *m* 81
Flug vuelo *m* 71
Flughafen aeropuerto *m* 21, 71
Flugnummer número del vuelo *m* 71
Flugschein billete de avión *m* 71
Flugzeug avión *m* 71
Fluß río *m* 85, 91
Flüssigkeit líquido *m* 125
Flut marea alta *f* 92
folgen seguir 77
Fönwelle modelado *m* 30
Forelle trucha *f* 46
Form forma *f* 101
Format formato *m* 120
Formular impreso *m* 133; hoja *f* 144
Foto foto *f* 121
Fotoapparat cámara *f* 120
Fotogeschäft tienda de artículos fotográficos *f* 98, 120
Fotograf fotógrafo *m* 99
fotografieren tomar fotografías 82, 84
Fotokopie fotocopia *f* 131
Fototasche funda *f* 121
Frage pregunta *f* 11
fragen preguntar 36
Franken *(Währung)* franco *m* 18, 130
Frankreich Francia *f* 148
Frau *(Ehefrau)* mujer *f* 10, 94; *(Anrede)* Señora *f* 10
Frauenarzt ginecólogo *m* 137, 141
Fräulein Señorita *f* 10

frei libre 14, 23, 70, 80, 82, 96, 153, 157
Freibad piscina f 91
Freitag viernes m 29, 87, 153
Fremdenführer guía m 80
Fremdenverkehrsbüro oficina de turismo f 19, 80
Freund amigo m 94, 95
Freundin amiga f 94, 95
freundlich amable 95
Friedhof cementerio m 81
Frikadelle hamburguesa f 64
frisch fresco(a) 53, 61, 157
Friseur *(Damen)* peluquería f 27, 30, 99; *(Herren)* barbería f 99
Frisur peinado m 30
froh feliz 154
fröhlich feliz 154
Frost helada f 95
Fruchtsaft zumo de fruta m 37, 42, 60
Fruchtsalat ensalada de fruta f 53
früh temprano 14, 31, 153
Frühling primavera f 152
Frühstück desayuno m 24, 26, 34, 38
frühstücken desayunar 26, 38
fühlen sentir(se) 140, 142
Führer *(Buch)* guía f 82
Führerschein permiso de conducir m 16, 20
Führung visita guiada f 83
Füllfederhalter pluma estilográfica f 116
Fundbüro oficina de objetos perdidos f 66, 99, 158
fünf cinco 149
fünfte quinto(a) 151
fünfzehn quince 149
fünfzig cincuenta 149
funktionieren funcionar 28, 119
für por, para 15
Furunkel forúnculo m 139
Fuß pie m 76, 85, 138
Fußball fútbol m 90
Fußgänger peatón m 79

G

Gabel tenedor m 36, 61, 118
Galerie galería f 99
Gallenblase vesícula biliar f 138
Gangschaltung cambio de velocidad m 78
Gans ganso m 49
ganz entero(a) 143

Garage garaje m 26
Garderobe guardarropa m 88
Garnele gamba f 41; quisquilla f 42, 46
Garten jardín m 85, 146
Gas gas m 32, 117, 158
Gaskocher hornillo de gas m 117
Gasthaus fonda f 33; posada f 33
Gaze gasa f 105
Gebäck pastelería f 40
gebacken *(Pfanne)* frito(a) 46, 48
Gebäude edificio m 81, 83
geben dar 13, 63, 125, 126, 143, 144, 146
Gebiß dentadura f 145
geboren nacido(a) 152
gebraten frito(a) 46, 48
Gebrauch uso m 17
Gebrauchtwarenladen tienda de artículos de segunda mano f 98
gebrochen roto(a) 139, 140, 145
Gebühr comisión f 130; tarifa f 136
Geburtsdatum fecha de nacimiento f 25
Geburtsort lugar de nacimiento m 25
Geburtstag cumpleaños m 153, 154
Gedeck cubierto m 62
Gefahr peligro m 157, 158
gefährlich peligroso(a) 92
gefallen gustar 25, 93, 101, 108, 109
Geflügel aves f/pl 48
gegen contra 15; *(ungefähr)* alrededor de 31
Gegend zona f 146
Gegensatz oposición f 14
gegenüber frente a 77
gehen ir(se) 95, 96
gekocht hervido(a) 46, 48
gelb amarillo(a) 109
Gelbsucht ictericia f 142
Geld dinero m 130, 156; *(Währung)* moneda f 103, 129
Geldschein billete m 130
Geldwechsel cambio m 18, 129
Gelenk articulación f 138
gemischt variado(a) 41; mixto(a) 43
Gemüse verdura f 43, 50; legumbre f 40
Gemüsehandlung verdulería f 98
genug bastante 14
geöffnet abierto(a) 82
Geologie geología f 83
Gepäck equipaje m 17, 18, 21, 26, 31, 70

Gepäckaufbewahrung consigna f 18, 66
Gepäckaufgabe facturación f 70
Gepäckhandwagen carrito de equipaje m 18, 66
Gepäckstück bulto m 18
Gepäckträger mozo m 18, 70
gepökelt en salazón 46
geradeaus derecho 21, 77
Gerät aparejo m 117
geräuchert ahumado(a) 41, 46
Gericht palacio de justicia m 81; *(Mahlzeit)* plato m 36, 40
Gesang canto m 128
Geschäft comercio m 98; negocio m 16, 131
Geschäftsreise viaje de negocios m 94
Geschäftsviertel barrio comercial m 81
Geschenk regalo m 17
Geschenkpapier papel de regalo m 116
Geschichte historia f 83
Geschirr vajilla f 117, 118
Geschlechtskrankheit enfermedad venérea f 142
Geschlechtsorgane órganos genitales m/pl 138
geschlossen cerrado(a) 157
geschmort estofado(a) 48
geschwollen hinchado(a) 139
Gesellschaftsspiel juego de sociedad m 128
Gesicht cara f 138
Gesichtsmaske mascarilla f 30
Gesichtspuder polvos para la cara m/pl 106
Gespräch *(Telefon)* llamada f 134, 136
Gestell *(Brille)* montura f 125
gestern ayer 153
getönt ahumado(a) 125
Getränk bebida f 60, 61
Getränkekarte carta de las bebidas f 36
Getreideflocken cereales m/pl 38
getrennt separado(a) 62
Gewinn ganancia f 131
Gewitter tormenta f 95
Gewohnheit costumbre f 34
gewöhnlich normalmente 143
Gewürz condimento m 51
Gewürzgurke pepinillo m 42, 50, 64
Gift veneno m 105, 158
Gin ginebra f 59

Gipsverband enyesado m 140
Gitarre guitarra f 127
Glas vaso m 37, 38, 58, 59, 61, 143; cristal m 123, 125; *(Einmach-)* tarro m 124
Gläschen chato m 58
glauben creer 102
gleiche mismo(a) 114
Gleis vía f 66
Glück suerte f 154
glücklich feliz 154
Glückwunsch enhorabuena f 154
Glühbirne bombilla f 28, 75, 119
Gold oro m 122, 123
goldfarben dorado(a) 109
Golf golf m 91
Golfplatz campo de golf m 91
gotisch gótico(a) 83
Gottesdienst servicio religioso m 84; culto m 84
Grab tumba f 81
Gramm gramo m 124
Grammatik gramática f 116
Granatapfel granada f 53
Grapefruit pomelo m 42, 53, 60
grau gris 109
Griechenland Grecia f 148
Grill parrilla f 117; *(-platte)* parrillada f 40
Grippe gripe f 142
groß grande 14, 20, 25, 101, 108, 114
großartig imponente 84
Großbritannien Gran Bretaña f 148
Größe talla f 108
Großmutter abuela f 94
Großvater abuelo m 94
Grotte gruta f 85
grün verde 109
grüne Karte carta verde f 16
Grünanlage jardines públicos m/pl 81
Gruppe grupo m 81
Gruß saludo m 154
gültig válido(a) 71
Gummi goma f 110, 114
Gummiband elástico m 113
Gummisohle suela de goma f 114
Gummistiefel bota de goma f 114
Gurke pepino m 43, 50, 64; *(große)* cohombro m 64
Gürtel cinturón m 113
gut bueno(a) 11, 14, 35, 88, 108, 145, 154; *(Adv.)* bien 10, 25

H

Haar cabello *m* 30, 107; pelo *m* 107
Haarbürste cepillo para el pelo *m* 107
Haarentfernungsmittel depilatorio *m* 106
Haarfärbemittel tinte para el cabello *m* 107
Haarfestiger fijador *m* 30, 107
Haarnadel horquilla *f* 107
Haarspange pasador *m* 107
Haarspray laca *f* 30, 107
Haartrockner secador de pelo *m* 119
Haarwaschmittel champú *m* 30, 107
Haarwasser loción capilar *f* 31, 107
haben tener; 13, 103; haber 13, 162
Hafen puerto *m* 74, 81
Hafenrundfahrt vuelta por el puerto *f* 74
halb medio(a) 64, 68, 80, 124, 151
Halbpension media pensión *f* 24
Hälfte mitad *f* 151
Hallenbad piscina cubierta *f* 91
Hallo! *(Telefon)* ¡Oiga! 135
Hals *(Kehle)* garganta *f* 141; *(Nacken)* cuello *m* 138
Halskette collar *m* 122
Halspastille pastilla para la garganta *f* 105
Halsschmerzen dolor de garganta *m* 141
Halstuch pañoleta *f* 112
Halt! ¡Deténgase! 158
halten parar 21, 67, 69, 72
Haltestelle parada *f* 72, 73
Hammelfleisch carnero *m* 47
Hammer martillo *m* 117
Hand mano *f* 106, 138
Handcreme crema para las manos *f* 106
handgearbeitet hecho a mano 111
Handschuh guante *m* 112
Handtasche bolso *m* 158
Handtuch toalla *f* 27
Hängematte hamaca *f* 117
hart duro(a) 38, 42, 52, 125
Hase liebre *f* 49
Haselnuß avellana *f* 53
häßlich feo(a) 14, 84
Haupt- principal 80
Hauptrolle protagonista *m/f* 86
Haus casa *f* 40, 83, 146
Haushaltshilfe servicio doméstico *m* 146
Hausschuh zapatilla *f* 114

Haut piel *f* 138
Hecht lucio *m* 46
Heftklammer grapa *f* 116
Heftpflaster esparadrapo *m* 105
Heidelbeere arándano *m* 53
Heilbad balneario *m* 146
heiß caliente 14, 38, 60, 157
heißen llamarse 11, 93, 133
Heizung calefacción *f* 23, 28, 91
helfen ayudar 13, 21, 70, 78, 103
hell claro(a) 101, 109; *(Bier, Tabak)* rubio(a) 59, 126
Hemd camisa *f* 112
Herbst otoño *m* 151
Hering arenque *m* 41, 45; *(Zelt)* estaca *f* 117
Herr *(Anrede)* Señor *m* 10, 108; caballero *m* 157
Herrenschneider sastre *m* 99
herrlich magnífico(a) 84
Herz corazón *m* 47, 138
Herzanfall ataque al corazón *m* 141
Herzklopfen palpitaciones *f/pl* 141
herzlich cordial 154
Heuschnupfen fiebre del heno *f* 104
heute hoy 29, 153
hier aquí 12, 14
Hilfe socorro *m* 158; ayuda *f* 158
Himbeere frambuesa *f* 53
Himmel cielo *m* 95
hin und zurück *(Fahrt)* ida y vuelta 68
hinauf arriba 14, 157
hinaufbringen subir 26
hinfallen caerse 139
hinlegen acostarse 142
hinsetzen sentarse 96
hinten detrás 30, 145; atrás 88
hinter detrás de 15, 77
hinterlegen dejar un depósito 20
hinunter abajo 14, 157
Hinweis indicación *f* 157
Hirsch venado *m* 49
Hitze calor *m* 94
hoch alto(a) 114, 141
Hochsaison alta estación *f* 152
Höhle cueva *f* 85
holen buscar 158; llamar 137
Holz madera *f* 127; *(Brenn-)* leña *f* 117
Holzkohle carbón de leña *m* 117
homöopathisch homeopático(a) 104
Homöopath homeópata *m* 146
Honig miel *f* 38
Honorar honorarios *m/pl* 144
hören escuchar 128

Hose pantalones *m/pl* 112
Hosenträger tirantes *m/pl* 112
Hotel hotel *m* 19, 21, 22, 30, 80, 102
Hotelpersonal personal del hotel *m* 27
Hotelreservierung reserva de hotel *f* 19
Hotelverzeichnis guía de hoteles *f* 19
hübsch bonito(a), lindo(a) 84
Hubschrauber helicóptero *m* 74
Hügel colina *f* 85
Huhn gallina *f* 47
Hühnchen pollo *m* 49, 64
Hühneraugenpflaster callicida *m* 105
Hummer bogavante *m* 45
Hund perro *m* 157
hundert cien(to) 150
Hunger hambre *m* 13, 35
Husten tos *f* 104, 141
husten toser 142
Hustensirup jarabe contra la tos *m* 105
Hut sombrero *m* 112
Hypothek hipoteca *f* 131

I

ich yo 160
Identitätskarte documento nacional de identidad *m* 16
ihr vosotros(as) 160; su 161
Imbiß tentempié *m* 63
immer siempre 15
impfen vacunar 140
in en 15; dentro (de) 15
inbegriffen incluido(a) 20, 24, 31, 32, 62, 80
Indien India *f* 148
Infektion infección *f* 145
infiziert infectado(a) 140
Inflation inflación *f* 131
Information(sschalter) información *f* 131
Innenstadt centro de la ciudad *m* 81
Insektenschutz repelente para insectos *m* 105
Insektenstich picadura de insecto *f* 104, 139
Insektizid insecticida *m* 117
interessant interesante 84
interessieren (sich) interesarse 83
international internacional 133, 134
irgendwo en algún lugar 88
irren, sich equivocarse 62
Irrtum error *m* 61
Italien Italia *f* 148

J

ja sí 10
Jacke chaqueta *f* 112
Jade jade *m* 123
jagen cazar 91
Jahr año *m* 93, 108, 151, 153
Jahreszeit estación *f* 152
Jahrhundert siglo *m* 151
Jahrzehnt década *f* 151
Januar enero *m* 152
Japan Japón *m* 148
Jeans tejanos *m/pl* 112
Jeansstoff dril de algodón *m* 110
jeder cada 151
jemand alguien 12, 96
jetzt ahora 15
Jod yodo *m* 105
Joghurt yogur *m* 64
Johannisbeere grosella *f* 53
Jugendherberge albergue de juventud *m* 22
Juli julio *m* 152
jung joven 14
Junge niño *m* 108, 128
Juni junio *m* 152
Juwelier joyería *f* 98, 122

K

Kabeljau bacalao *m* 44
Kabine camarote *m* 74
Kaffee café *m* 38, 60, 64
Kalbfleisch (carne de) ternera *f* 47
Kalender calendario *m* 116
kalt frío(a) 14, 25, 38, 40, 61, 157
Kälte frío *m* 94
Kamera cámara *f* 120, 121
Kamm peine *m* 107
Kammermusik música de cámara *f* 128
Kanada Canadá *m* 148
Kanal canal *m* 85
Kaninchen conejo *m* 47
Kapelle capilla *f* 81
Kaper alcaparra *f* 51
Kapital capital *m* 131
Kapitalanlage inversión *f* 131
kaputt roto(a) 29, 119
Karaffe garrafa *f* 58
Karat quilate *m* 122
Karfreitag Viernes Santo *m* 154
Karotte zanahoria *f* 50
Karte tarjeta *f* 131; *(Land-)* mapa *m* 76, 116; *(Eintritts-)* localidad *f* 87; entrada *f* 88

Kartenspiel 175 **Korb**

Kartenspiel juego de cartas *m* 128
Kartenverkauf venta de localidades *f* 86
Kartoffel patata *f* 50
Käse queso *m* 38, 42, 44, 52, 63, 64, 124
Käsekuchen pastel de queso *m* 54
Kasse caja *f* 102, 157
Kassette casete *m* 127; *(Film)* chasis *m* 120
Kassettengerät magnetófono de casetes *m* 119
Kastagnetten castañuelas *f/pl* 127
Kastanie castaña *f* 53
Katalog catálogo *m* 82, 115
Kathedrale catedral *f* 81
katholisch católico(a) 84
Kauf compra *f* 131
kaufen comprar 82, 100, 115
Kaugummi chicle *m* 126
Keilriemen correa del ventilador *f* 75
kein ningún, ninguna 163
Keks galleta *f* 54, 64
Kellner camarero *m* 27
Kellnerin camarera *f* 27
kennen conocer 108
Keramik cerámica *f* 83
Kerze vela *f* 117
Ketchup salsa de tomate *f* 64
Kette cadena *f* 122
Kiefer mandíbula *f* 138
Kilo kilo *m* 124
Kilometer kilómetro *m* 20, 79
Kilometergeld kilometraje *m* 20
Kind niño *m* 24, 36, 61, 82, 108; hijo *m* 94, 139
Kinderarzt pediatra *m* 137
Kinderbett cama para niño *f* 24
Kinderbuch libro para niños *m* 116
Kinderkleider ropa para niños *f* 112
Kino cine *m* 86, 96
Kiosk quiosco *m* 126
Kirche iglesia *f* 81, 84
Kirsche cereza *f* 53
Kissen almohadilla *f* 89
Klappstuhl silla plegable *f* 117
Klapptisch mesa plegable *f* 117
Klasse clase *f* 68, 69, 71
klassisch clásico(a) 128
Klebstoff cola de pegar *f* 116
Klebstreifen cinta adhesiva *f* 116
Kleid vestido *m* 112
Kleider ropa *f* 29, 108
Kleiderbügel percha *f* 27

Kleidergeschäft tienda de ropa *f* 98, 108
klein pequeño(a) 14, 20, 25, 37, 61, 101, 108, 114
Kleingeld suelto *m* 62, 77, 130
klemmen atrancar 28, 121
Klimaanlage aire acondicionado *m* 23; acondicionador de aire *m* 28
Klingel timbre *m* 144
klingeln tocar el timbre 157
Klippe acantilado *m* 85
klopfen llamar 155
Kloster *(Frauen)* convento *m*; *(Männer)* monasterio *m* 81
Knie rodilla *f* 138
Kniestrumpf media corta *f* 112
Knoblauch ajo *m* 43, 51
Knöchel tobillo *m* 139
Knochen hueso *m* 138
Knopf botón *m* 29, 113
Kochtopf cacerola *f* 117
koffeinfrei descafeinado(a) 38, 60
Koffer maleta *f* 18
Kofferkuli carrito de equipaje *m* 18, 70
Kognak coñac *m* 60
Kohl berza *f* 50
Kohlepapier papel carbón *m* 116
Kokosnuß coco *m* 53
Kölnisch Wasser agua de colonia *f* 106
kommen venir 93, 95, 137; llegar 36, 76; *(Herkunft)* ser de 147
Komödie comedia *f* 86
Kompaß brújula *f* 117
Konditorei pastelería *f* 98
Königspalast palacio real *m* 81
können poder 12
Konsulat consulado *m* 158
Kontaktlinse lente de contacto *m* 125
Konto cuenta *f* 130
Kontokarte tarjeta de cuenta *f* 130
Kontrolle control *m* 16
kontrollieren controlar 75, 125
Konzert concierto *m* 86, 87
Konzerthalle sala de conciertos *f* 81, 87
Kopf cabeza *f* 41, 138, 139
Kopfhörer auriculares *m/pl* 119
Kopfkissen almohada *f* 27
Kopfsalat lechuga *f* 43, 50, 64
Kopfschmerzen dolores de cabeza *m/pl* 104, 141
Koralle coral *m* 123
Korb cesta *f* 124

Korken corcho *m* 61
Korkenzieher sacacorchos *m* 117
Körper cuerpo *m* 138
Körpermilch loción para el cuerpo *f* 106
Kosmetikartikel artículos de tocador *m/pl* 106
Kosmetiksalon salón de belleza *m* 30, 99
kosten costar 11, 67, 73, 77, 80, 82, 91, 101, 111, 133; valer 90
Kostenvoranschlag estimación del precio *f* 131; presupuesto *m* 79
Kostüm traje sastre *m* 112
Kotelett chuleta *f* 47
Koteletten patillas *f/pl* 31
Krabbe cangrejo *m* 41, 43, 46
Kraftfahrzeugschein permiso de circulación *m* 16
kräftig fuerte 52
Kragen cuello *m* 113
Krampf calambre *m* 141
krank enfermo(a) 140, 158
Krankenhaus hospital *m* 142, 144
Krankenkasse seguro de enfermedad *m* 144
Krankenschwester enfermera *f* 144
Krankenwagen ambulancia *f* 79, 157
Krankheit enfermedad *f* 140
Kräuter hierbas finas *f/pl* 51
Kräuterhandlung herboristería *f* 146
Krawatte corbata *f* 112
Krawattenklipp sujetador de corbata *m* 122
Krawattennadel alfiler de corbata *m* 122
Krebs cangrejo *m* 46
Kredit crédito *m* 131
Kreditbrief carta de crédito *f* 131
Kreditkarte tarjeta de crédito *f* 20, 31, 62, 102, 130
Kreuz cruz *f* 122
Kreuzfahrt crucero *m* 74
Kreuzgang claustro *m* 81
Kreuzung cruce *m* 77
Kriminalroman novela policíaca *f* 116
Kristall cristal *m* 123
Küche cocina *f* 35
Kuchen pastel *m* 37, 54, 64
Kugelschreiber bolígrafo *m* 116
Kühlbeutel elemento congelable *m* 117
Kühler radiador *m* 78
Kühltasche nevera portátil *f* 117

Kunst arte *f* 83
Kunstgalerie galería de arte *f* 99
Kunsthandwerk artesanía *f* 83
Künstler/-in artista *m/f* 83
Künstlerviertel barrio de los artistas *m* 81
künstlich artificial 120
kunststopfen zurcir 29
Kupfer cobre *m* 123, 127
Kupplung embrague *m* 78
Kur cura *f* 146
Kurs curso *m* 16
Kurtaxe impuesto para turistas *m* 32
kurz corto(a) 30, 101, 111, 112
kurzsichtig miope 125
Kurzwarenhandlung mercería *f* 98

L

Lachs salmón *m* 42
Laden tienda *f* 98
Lamm cordero *m* 41, 47
Lampe lámpara *f* 29, 117, 119
Land país *m* 93; campo *m* 85
Landkarte mapa *m* 76, 116
Landschaft paisaje *m* 93
lang largo(a) 101, 111, 112, 126
langsam lento(a) 14; *(Adv.)* despacio 12, 21, 135
lassen dejar 26, 96, 158
Laterne linterna *f* 117
Lauch puerros *m/pl* 50
laut ruidoso(a) 25; fuerte 135
läuten tocar el timbre 157
Lautsprecher altavoz *m* 119
leben vivir 83
Lebensmittelgeschäft tienda de comestibles *f* 98, 124
Lebensmittelvergiftung intoxicación por alimentos *f* 142
Leber hígado *m* 47, 138
Leder cuero *m* 110, 114, 127
Lederwarengeschäft tienda de artículos de cuero *f* 98
ledig soltero(a) 94
leer vacío(a) 14
leicht ligero(a) 14, 54, 58, 100, 111, 113; *(Aufgabe)* fácil 14
Leichtathletik atletismo ligero *m* 90
leihen dejar 78
Leim cola de pegar *f* 116
Leinen lino *m* 110
lesen leer 40
letzte último(a) 67, 73; pasado(a) 93, 151, 152

Leute gente *f* 93
Licht luz *f* 28
Lidschatten sombra de ojos *f* 106
Lidstift perfilador de ojos *m* 106
lieben amar 162
Lied canción *f* 128
liefern entregar 102
Lieferung entrega *f* 102
liegen *(sich befinden)* estar 76
Liegestuhl silla de lona *f* 91
Liegewagen coche literas *m* 65, 70
Likör licor *m* 60
lila malva 109
Limonade limonada *f* 60
Limone lima *f* 53
Lineal regla *f* 116
Linie línea *f* 73, 136
links a la izquierda 21, 30, 63, 68
Linse lenteja *f* 50; *(optisch)* lente *m* 125
Lippe labio *m* 138
Lippenpomade cacao para los labios *m* 106
Lippenstift lápiz de labios *m* 106
Liter litro *m* 58, 124
Loch hoyo *m* 29
Lockenwickler rulo *m* 107
Löffel cuchara *f* 37, 61, 118
lokal local 36
Lotion loción *f* 106
Luftmatratze colchón neumático *m* 117
Luftpost correo aéreo *m* 132
Luftpumpe bomba neumática *f* 117
Lunge pulmón *m* 138
Lungenentzündung neumonía *f* 142
Lupe lupa *f* 125

M

machen hacer 70, 131
Mädchen niña *f* 108, 128
Magen estómago *m* 138
Magenschleimhautentzündung gastritis *f* 142
Magenschmerzen dolores de estómago *m/pl* 104, 141
Magenverstimmung indigestión *f* 141
Mahlzeit comida *f* 24, 143
Mai mayo *m* 152
Mais maíz *m* 50
Majoran mejorana *f* 51
Makrele caballa *f* 45

Mal vez *f* 93, 151
Malbuch cuaderno de pintura *m* 128
malen pintar 83
Maler/-in pintor *m*/pintora *f* 83
Malerei pintura *f* 83
Malkasten caja de pinturas *f* 116
Manchester terciopelo de algodón *m* 110
Mandarine mandarina *f* 53
Mandel almendra *f* 53; *(Rachen-)* amígdala *f* 138
Maniküre manicura *f* 30
Mann caballero *m* 108; *(Gatte)* marido *m* 10, 94
Mannschaft equipo *m* 89
Manschettenknöpfe gemelos *m/pl* 122
Mantel abrigo *m* 112
mariniert en escabeche 46
Mark marco *m* 18, 130
Markt mercado *m* 81, 98
Marmelade mermelada *f* 38, 124
März marzo *m* 152
Marzipan mazapán *m* 54
Maschine máquina *f* 110
Masern sarampión *m* 142
Maß nehmen tomar la medida 108
Material material *m* 110
Matratze colchón *m* 117
Mauer muro *m* 85
Mechaniker mecánico *m* 78
Medikament medicina *f* 143
Medizin medicina *f* 83
Meer mar *m* 23, 85, 146
Meeresfrüchte mariscos *m/pl* 43, 45
Mehl harina *f* 37
mehr más 14
Mehrwertsteuer IVA *m* (impuesto sobre el valor añadido *m*) 102
mein mi 10, 161
Melone melón *m* 42, 53, 64
Menge cantidad *f* 14
Menstruationsbeschwerden dolores menstruales *m/pl* 141
Menü menú *m* 37
Messe misa *f* 84; *(Waren-)* feria *f* 81
Messer cuchillo *m* 37, 61, 118
Meter metro *m* 111
Metzgerei carnicería *f* 98
Miesmuschel mejillón *m* 45
mieten alquilar 19, 20, 22, 32, 74, 89, 91, 92, 146
Milch leche *f* 38, 60, 64
Milchreis arroz con leche *m* 54

mild suave 52
Milliarde mil millones *m/pl* 150
Million millón *m* 150
mindestens por lo menos 24
Mineralwasser agua mineral *f* 60
Minute minuto *m* 68, 155
Minze menta *f* 51
mit con 15
mitbringen llevar 95
mitnehmen llevar 102, 103
Mittag mediodía *m* 31, 153, 155
Mittagessen almuerzo *m* 34, 80, 94
Mitte medio *m* 30, 68, 88
mittel *(Größe)* medio(a) 108
Mittel *(Medizin)* remedio *m* 104
Mitternacht medianoche *f* 155
Mittwoch miércoles *m* 153
Möbel muebles *m/pl* 83
Mode moda *f* 83
modern moderno(a) 83, 100
mögen querer 13
möglich posible 29, 112
Moment momento *m* 136
Monat mes *m* 16, 141, 152
Mond luna *f* 95
Montag lunes *m* 153
Moped velomotor *m* 74
morgen mañana 29, 95, 96, 137, 143, 153
Morgen mañana *f* 153
Morgenrock bata *f* 112
morgens por la mañana 153
Moschee mezquita *f* 84
Moskitonetz mosquitero *m* 117
Motor motor *m* 78
Motorboot motora *f* 92
Motorrad motocicleta *f* 74
Motorroller escúter *m* 74
müde cansado(a) 13
Mund boca *f* 138, 142
Mundwasser enjuague bucal *m* 106
München Munich 147
Münzenkunde numismática *f* 84
Muschel mejillón *m* 42; almeja *f* 45
Museum museo *m* 81
Musical comedia musical *f* 86
Musik música *f* 84, 128
Musikalienhandlung tienda de artículos musicales *f* 98
Muskatnuß nuez moscada *f* 51
Muskel músculo *m* 138, 139
müssen tener que 23, 95; deber 143
Mutter madre *f* 94
Mütze gorro *m* 112

N
nach *(Zeit)* después de 15; *(Richtung)* a 15
nachgehen *(Uhr)* atrasar 122, 155
nachher después 14
Nachmittag tarde *f* 87, 153
nachmittags por la tarde 153
Nachmittagsvorstellung función de la tarde *f* 87
Nachricht recado *m* 28, 136
Nachsaison baja estación *f* 150
nächste *(Reihenfolge)* próximo(a) 21, 67, 71, 72, 73, 77, 78, 151, 153; *(örtlich)* más cercano(a) 18, 75, 98, 104, 115, 129
Nacht noche *f* 10, 24, 153
Nachtcreme crema de noche *f* 106
Nachthemd camisón *m* 112
Nachtisch postre *m* 37, 54
Nachtklub centro nocturno *m* 88
nachts por la noche 153
Nacken cuello *m* 30
Nadel aguja *f* 27
Nagel *(Finger-)* uña *f* 106; *(Metallstift)* clavo *m* 117
Nagelbürste cepillo de uñas *m* 106
Nagelfeile lima de uñas *f* 106
Nagellack esmalte para uñas *m* 106
Nagellackentferner quitaesmalte *m* 106
Nagelschere tijeras de uñas *f/pl* 106
Nagelzange cortauñas *m* 106
nahe cerca 14
nähen coser 29
Nahrung alimento *m* 107
Nahverkehrszug tren de cercanías *m* 68
Name nombre *m* 23, 25, 79; apellido *m* 25
Narkose anestesia *f* 144
Nase nariz *f* 138
Nasenbluten hemorragia nasal *f* 141
Nasentropfen gotas nasales *f/pl* 105
Nationalität nacionalidad *f* 25
Naturgeschichte historia natural *f* 84
Nebel niebla *f* 94
neben junto a 15
Nebenanschluß extensión *f* 135
Neffe sobrino *m* 94
nehmen tomar 18, 25, 72, 143; llevar 101, 103; *(annehmen)* aceptar 62
nein no 10
Nerv nervio *m* 138
nett amable 95

neu nuevo(a) 14
Neujahr Año Nuevo m 154
neun nueve 149
neunte noveno(a) 151
neunzehn diecinueve 149
neunzig noventa 150
Neusilber alpaca f 122
nicht no 12 •
nicht mehr ya no 15
Nichte sobrina f 94
Nichtraucher no fumador m 36, 65
nichts nada 15
nie nunca 15
Niederlande Países Bajos m/pl 148
niedrig bajo(a) 141
niemand nadie 15
Niere riñón m 138
noch todavía, aún 15
Nordamerika América del Norte f 148
Norden norte m 77
normal normal 30, 75
Norwegen Noruega f 148
Notausgang salida de emergencia f 27, 103, 157
Notfall urgencia f 158
Notizblock bloc de notas m 116
Notizbuch libreta de apuntes f 116
November noviembre m 152
Nudel fideo m 43
null cero 149
Nummer número m 25, 114, 134, 135, 136
nur sólo 15
Nuß nuez f 53
nützlich útil 15, 99

O

ob si 12
oben arriba 145
Ober camarero m 36
Objektiv objetivo m 121
Obst fruta f 53
Obstsalat ensalada de fruta f 53
oder o 15
offen abierto(a) 157
öffnen abrir 11, 17, 82, 98, 104, 129, 132
Öffnungszeiten horas de apertura f/pl 82, 129
ohne sin 15
Ohr *(äußeres)* oreja f 138; *(inneres)* oído m 141

Ohrenschmerzen dolor de oídos m 141
Ohrklipp clip m 122
Ohrring pendiente m 123
Oktober octubre m 152
Olive aceituna f 41
Öl aceite m 37, 75
Omelett tortilla f 42
Onkel tío m 94
Oper ópera f 72, 87
Operation operación f 144
Operette opereta f 87
operieren operar 142
Opernhaus teatro de la ópera m 81, 87
Optiker óptico m 98, 125
Orange naranja f 53, 60, 64
orange naranja 109
Orangensaft zumo de naranja m 38, 42, 60
Orchester orquesta f 87, 128
originell original 100
Ort lugar m 25, 76
Osten este m 77
Ostern Pascua f 154
Österreich Austria f 132, 134, 148
Österreicher(in) austríaco(a) 147
österreichisch austríaco(a) 18, 130
Österreichischer Schilling chelino austríaco m 18, 130
oval ovalado(a) 101
Overall mono m 112

P

Paar par m 112, 114, 124, 151
Packung paquete m 124
Paket paquete m 133
Palast palacio m 81
Panne avería f 78
Pannendienst auxilio en carretera m 78
Papier papel m 116
Papierserviette servilleta de papel f 117
Papiertaschentuch pañuelo de papel m 106
Paprika *(Gewürz)* pimentón m 51; *(Schote)* pimiento m 42
Parfüm perfume m 106
Parfümerie perfumería f 104
Park parque m 81
parken aparcar 26, 77, 79
Parkett *(Theater)* platea f 88
Parkhaus garaje de varios pisos m 77
Parkplatz estacionamiento m 77

Parkuhr parquímetro *m* 77
Parlamentsgebäude edificio de las Cortes *m* 81
Party guateque *m* 95
Paß pasaporte *m* 16, 17, 26; *(Gebirgs-)* paso *m* 85
Paßbild foto de pasaporte *f* 120
Paßnummer número de pasaporte *m* 25
passen ir bien 111
Pastete pastel *m* 54; paté *m* 64
Patient/-in paciente *m/f* 144
Pelzgeschäft peletería *f* 98
Pelzmantel abrigo de pieles *m* 112
Penizillin penicilina *f* 143
Pension pensión *f* 19, 22
Periode reglas *f/pl* 141
Perle perla *f* 123
Perlmutter nácar *m* 123
Person persona *f* 32
Personal personal *m* 27
Personalausweis documento nacional de identidad *m* 16
persönlich personal 17
Perücke peluca *f* 107
Petersilie perejil *m* 51
Petroleum petróleo *m* 117
Pfarrer pastor (protestante) *m* 84
Pfeffer pimienta *f* 37, 51, 64
Pfeife pipa *f* 126
Pfeifenbesteck utensilios para pipa *m/pl* 126
Pfeifenreiniger escobillas *f/pl* 126
Pfeifenstopfer cargapipas *m* 126
Pfeifentabak tabaco de pipa *m* 126
Pferderennbahn hipódromo *m* 91
Pferderennen carrera de caballos *f* 90
Pfirsich melocotón *m* 53, 124
Pflanze planta *f* 85
Pflaume ciruela *f* 53
Pfund medio kilo *m* 124
Physiotherapie fisioterapía *f* 146
Picknick merienda *f* 63
Pille píldora *f* 141
Pilz seta *f* 44, 50
Pinzette pinzas *f/pl* 106
Plan plano *m* 19, 116
Planetarium planetario *m* 81
Plastik plástico *m* 118
Plastikbeutel bolsa de plástico *f* 117
Platin platino *m* 123
Platte disco *m* 128
Plattenspieler tocadiscos *m* 119
Plattfuß *(Auto)* pinchazo *m* 78

Platz *(Raum)* sitio *m* 32; *(Sitz-)* asiento *m* 69; *(öffentl.)* plaza *f* 81; *(Theater)* localidad *f* 87, 88, 89
Platzreservierung oficina de reservas *f* 66
Plombe empaste *m* 145
Polen Polonia *f* 148
Politik política *f* 84
Polizei policía *f* 79, 158
Polizeiwache comisaría de policía *f* 99, 158
Pommes frites patatas fritas *f/pl* 64
Ponyfransen flequillo *m* 30
Portier conserje *m* 27
Portion porción *f* 37, 61; ración *f* 54
Porto *(Post)* franqueo *m* 132
Portugal Portugal *m* 148
Post correo *m* 28, 133
Postamt (oficina de) correos *f* 99, 132
Postanweisung giro postal *m* 133
Postfach apartado de correos *m* 156
Postkarte (tarjeta) postal *f* 116, 133
postlagernd lista de correos 133
Präservativ preservativo *m* 105
Preis precio *m* 80
preiswert barato(a) 35, 120
Priester sacerdote *m* 84
prima estupendo 95
privat particular 92, 157; privado(a) 157
pro por 20
Probe *(mediz.)* muestra *f* 142
probieren probar 59
Programm programa *m* 88
Prost! ¡salud! 55
protestantisch protestante 84
Proviantbehälter fiambrera *f* 118
provisorisch temporalmente 145
Prozent por ciento 151
Prozentsatz porcentaje *m* 131
prüfen controlar 75
Puder polvos *m/pl* 106
Pullover jersey *m* 108, 113
pünktlich a la hora 67
Puppe muñeca *f* 128
Puzzle rompecabezas *m* 128

Q

Qualität calidad *f* 110
Quark requesón *m* 52
Quarz cuarzo *m* 122
Quelle manantial *m* 85
Quetschung *(Muskel)* contusión *f* 139
Quittung recibo *m* 102, 103, 144

Rabatt 181 **Rückenschmerzen**

R
Rabatt rebaja f 131
Rabbiner rabino m 84
Rad rueda f 78
Radfahren ciclismo m 90
Radiergummi goma de borrar f 116
Radieschen rabanito m 42
Radio radio f 23, 28, 119
Radiowecker radio-despertador m 119
Radrennen carrera de bicicletas f 90
Rahm crema f 60
rasch rápidamente 137
Rasierapparat maquinilla de afeitar f 106, 119
Rasiercreme crema de afeitar f 106
rasieren afeitar 31
Rasierklinge hoja de afeitar f 106
Rasierpinsel brocha de afeitar f 107
Rasierwasser loción para después del afeitado f 107
Rate tasa f 131
Rathaus ayuntamiento m 82
rauchen fumar 96
Raucher fumador m 65
Rechnung cuenta f 31, 62; factura f 131
rechteckig rectangular 101
rechts a la derecha 21, 30, 63, 68
rechtzeitig a tiempo 153
Redewendung locución f 100
Reformhaus tienda de productos dietéticos f 98
Regen lluvia f 95
Regenmantel impermeable m 113
Regenschirm paraguas m 113
Regisseur director de escena m 87
regnen llover 95
Reh corzo m 48
Reifen neumático m 75, 76
rein puro(a) 111
reinigen limpiar 29, 76
Reinigungscreme crema limpiadora f 106
Reis arroz m 43
Reise viaje m 154
Reisebüro agencia de viajes f 99
Reiseführer (Buch) guía f 115; (Person) guía m 80
Reisekrankheit mareo m 104
reisen viajar 94
Reisescheck cheque de viajero m 18, 62, 130
reißen desgarrar(se) 140

Reißverschluß cremallera f 113
Reißzwecke chincheta f 116
Reiten equitación f 91
Reklamation reclamación f 61
Religion religión f 84
Rennbahn pista f 90
Rentner/-in jubilado m/jubilada f 82
Reparatur reparación f 79, 121
Reparaturwerkstatt taller de reparaciones m 78
reparieren arreglar 29, 114, 119, 122, 125, 145; reparar 79, 121
reservieren reservar 19, 23, 36, 68, 157
Reservierung reserva f 23, 68
Reservierungsschalter oficina de reservas f 19, 66
Restaurant restaurante m 19, 32, 35
Rettungsboot bote salvavidas m 74
Rettungsring cinturón salvavidas m 74
Rezept (Arzt) prescripción f 143
R-Gespräch llamada con cobro revertido f 135
Rheumatismus reumatismo m 141
richtig correcto(a) 12, 14
Richtung dirección f 76
Rindfleisch carne de buey f 47
Ring sortija f, anillo m 123
Rippe costilla f 138
robust robusto(a) 100
Rock falda f 113
Rolladen persiana f 29
Rolle (Papier) rollo m 124
Rollfilm rollo m 120
Rollkragen cuello de cisne m 113
Rollschuh patín de ruedas m 128
Rolltreppe escalera mecánica f 103
Roman novela f 115
romanisch románico(a) 83
rosa rosa 109
rosé rosado 58
Rosenkranz rosario de cuentas m 123
Rosine pasa f 53
rostfreier Stahl acero inoxidable m 118, 123
rot rojo(a) 109; (Wein) tinto 58
rote Bete remolacha f 50
Rotwein vino tinto m 58
Rouge colorete m 107
Rubin rubí m 123
Rücken espalda f 138
Rückenschmerzen dolor de espalda m 138

Rucksack mochila *f* 118
Ruderboot barca de remos *f* 92
rufen llamar 79, 158
Ruhetag día de descanso *m* 153
ruhig tranquilo(a) 23, 25, 146
Rührei huevos revueltos *m/pl* 38, 63
Ruine ruina *f* 82
Rum ron *m* 44, 60
rund redondo(a) 101
Rundfahrt vuelta *f* 74, 80; excursión *f* 80

S

Safe caja fuerte *f* 26
Saft zumo *m*, jugo *m* 37, 38, 58
sagen decir 12, 73, 76, 95, 136, 155
Sahne crema *f* 38; nata *f* 64
Salami salchichón *m* 42, 64
Salat ensalada *f* 43, 64
Salbe ungüento *m* 105
Salz sal *f* 37, 51, 64
Salzgebäck galleta salada *f* 64
salzig salado(a) 61
Samstag sábado *m* 151
Samt terciopelo *m* 110
sandig arenoso(a) 92
Sandale sandalia *f* 114
Sandwich bocadillo *m* 64
Saphir zafiro *m* 123
Sardelle anchoa *f* 42, 46
Sardine sardina *f* 42, 46
Satin raso *m* 110
Satz frase *f* 12
sauber limpio(a) 61
Sauce salsa *f* 49
sauer agrio(a) 61
Saugflasche biberón *m* 107
Säugling bebé *m* 107
Säuglingsnahrung alimentos para bebé *m/pl* 107
Schach ajedrez *m* 128
Schachtel cajetilla *f* 124, 126
Schaffner revisor *m* 69
Schallplatte disco *m* 127
Schalter *(Licht-)* interruptor *m* 29; *(Post)* ventanilla *f* 132, 133
Schaltjahr año bisiesto *m* 151
scharf *(Speise)* picante 61
Schatten sombra *f* 89
Schaufel pala *f* 128
Schaufenster escaparate *m* 100, 108
Schaumbad baño de espumas *m* 107
Schauspieler actor *m* 86

Scheck cheque *m* 131
Scheibe *(Wurst)* rebanada *f* 124
Scheibenwischer limpiaparabrisas *m* 75
Scheidenentzündung infección vaginal *f* 141
Schein *(Geld)* billete *m* 130
Scheinwerfer faro *m* 79
Scheitel raya *f* 30
Schenkel muslo *m* 138
Schere tijeras *f/pl* 117
schicken mandar 78, 102, 133
Schiff barco *m* 74
Schild indicación *f* 77
Schinken jamón *m* 42, 44, 47, 38, 64, 124
Schlafanzug pijama *m* 113
schlafen dormir 144
Schlafmittel somnífero *m* 105, 143
Schlafsack saco de dormir *m* 118
Schlafwagen coche cama *m* 65, 67, 70
Schläger *(Tennis)* raqueta *f* 91
Schlagsahne nata batida *f* 54
schlecht malo(a) 14
schließen cerrar 11, 69, 82, 98, 104, 129, 132
Schließfach consigna automática *f* 18
Schloß castillo *m* 82
schlucken tragar 143
Schlüssel llave *f* 26
Schlußverkauf rebajas *f/pl* 99, 157
schmal estrecho(a) 101
schmecken gustar 62; saber (a) 61
Schmerz dolor *m* 140, 141, 143
schmerzen doler 139, 142, 144, 145
Schmerzmittel analgésico *m* 105, 140, 144
Schmuck joyas *f/pl* 113, 127
Schnalle hebilla *f* 113
Schnaps aguardiente *m* 60
Schnecke caracol *m* 41
Schnee nieve *f* 95
schneiden cortar 139
Schneider sastre *m* 99; modista *f* 99
schneien nevar 95
schnell rápido(a) 14, 158
Schnellimbiß bar *m* 66
Schnellzug expreso *m*, rápido *m* 65
Schnittlauch cebolleta *f* 51
Schnittwunde cortadura *f* 139
Schnorchel espantasuegras *m* 128
Schnuller chupete *m* 107
Schnur cordel *m* 118

| Schnurrbart | 183 | sofort |

Schnurrbart bigote *m* 31
Schnürsenkel cordones para zapatos *m/pl* 114
Schokolade chocolate *m* 38, 54, 60, 64, 124, 126
schon ya 15
schön hermoso(a) 14, 84
Schönheitssalon salón de belleza *m* 30
Schottland Escocia *f* 148
Schraubenschlüssel llave de tuercas *f* 78
Schraubenzieher destornillador *m* 118
schrecklich terrible 84
Schreibblock bloc de papel *m* 116
Schreibheft cuaderno *m* 116
Schreibmaschine máquina de escribir *f* 27
Schreibpapier papel de escribir *m* 27
Schreibwarenhandlung papelería *f* 98, 115
Schuh zapato *m* 114
Schuhcreme betún *m* 114
Schuhgeschäft zapatería *f* 98
Schuhmacher zapatero *m* 99
schulden deber 144
Schule escuela *f* 79
Schulter hombro *m* 138
Schuppen *(Haar)* caspa *f* 107
Schürze delantal *m* 113
Schwamm esponja *f* 107
schwanger embarazada 141
schwarz negro(a) 109, 114; *(Kaffee)* solo 38, 60
Schweden Suecia *f* 148
Schweinefleisch carne de cerdo *m* 47
Schweiz Suiza *f* 132, 134, 148
Schweizer(in) suizo(a) 18, 130, 147
Schwellung hinchazón *f* 139
schwer pesado(a) 14; *(ernstlich)* grave 139; *(Wein)* de cuerpo 58
Schwester hermana *f* 94
schwierig difícil 14
Schwierigkeit dificultad *f* 28, 102
Schwimmbad piscina *f* 32, 91, 146
schwimmen nadar 91, 92
Schwimmen natación *f* 91
Schwimmflosse aleta para nadar *f* 128
schwindlig mareado(a) 140
sechs seis 149
sechste sexto(a) 151
sechzehn dieciséis 149
sechzig sesenta 149

See lago *m* 23, 85, 91
Segelboot velero *m* 92
Segeln vela *f* 91
sehen ver 25, 26, 89, 96, 122, 125
Sehne tendón *m* 138
sehr muy 15
Seide seda *f* 110
Seife jabón *m* 27, 107
Seil cuerda *f* 118
sein ser 13, 162; estar 13, 162
sein *(Pron.)* su 161
seit desde 15, 152
Seite lado *m* 30
Sekretärin secretaria *f* 27, 131
Sekunde segundo *m* 155
Sekundenzeiger segundero *m* 122
Selbstbedienung autoservicio *m* 75
selbstklebend adhesivo(a) 115
Sellerie apio *m* 50
seltsam extraño(a) 84
senden mandar 132
Senf mostaza *f* 51, 64, 124
September septiembre *m* 152
servieren servir 26
Serviette servilleta *f* 37
setzen, sich sentarse 96
Shampoo champú *m* 107
Sherry jerez *m* 60
Shorts pantalones cortos *m/pl* 113
sicher seguro(a) 12
Sicherheitsgurt cinturón de seguridad *m* 75
Sicherheitsnadel imperdible *m* 107
Sicherung fusible *m* 119
sie ella 160; *(pl)* ellos(as) 160
Sie usted 160; *(pl)* ustedes 160
sieben siete 149
siebte séptimo(a) 151
siebzehn diecisiete 149
siebzig setenta 150
Silber plata *f* 122, 123
silbern plata 109
singen cantar 87
Ski esquí *m* 92
Skiausrüstung equipo de esquí *m* 92
skifahren esquiar 92
Skilift telesquí *m* 92
Skirennen carrera de esquís *f* 90
Skonto descuento *m* 131
Smaragd esmeralda *f* 123
so así 142
Socke calcetín *m* 113
sofort ahora mismo 31, 36; inmediatamente 137; en seguida 79

Sohle suela f 114
Sohn hijo m 94
Solist/-in solista m/f 87
Sommer verano m 152
Sondertarif tarifa especial f 20, 71
Sonne sol m 89, 95
Sonnenbrand quemadura del sol f 104
Sonnenbrille gafas de sol f/pl 125
Sonnencreme crema solar f 107
Sonnenöl aceite bronceador m 107
Sonnenschirm sombrilla f 92
Sonnenstich insolación f 141
Sonntag domingo m 82, 153
Sorte clase f 52, 124
Soße salsa f 49
Sowjetunion Unión Soviética f 148
Spaghetti espaguetis m/pl 64
Spanferkel lechón m 47
Spanien España f 148
spanisch español(a) 11, 12, 108, 115
Spargel espárrago m 41, 43, 44, 50
spät tarde 14, 136, 155
Speck tocino m 47
Speiseeis helado m 54, 63
Speisekarte carta f 36, 39, 40
Speisesaal comedor m 27
Speisewagen coche comedor m 65; coche restaurante m 67, 69
Spezialist especialista m 142
Spezialität especialidad f 36, 40, 43
Spiegel espejo m 111, 125
Spiegelei huevo frito m 64
Spiel juego m 91, 128; *(Wettkampf)* partido m 91
spielen jugar 90, 91; *(Instrument)* tocar 87
Spielkarte naipe m 116
Spielplatz campo de juego m 32
Spielwarengeschäft juguetería f 99
Spielzeug juguete m 128
Spinat espinacas f/pl 50
Spirituosenhandlung tienda de licores f 99
Spitze *(Textil)* encaje m 110
Sport deporte m 90
Sportgeschäft tienda de artículos de deportes f 99
Sportjacke chaqueta de sport f 113
Sportveranstaltung concurso deportivo m 90
Sprachkurs curso de idiomas m 16
sprechen hablar 12, 135, 137
Sprechstunde hora de consulta f 137
Springbrunnen fuente f 81

Spritze inyección f 142, 143
Spülmittel detergente para la vajilla m 118
Stadion estadio m 82
Stadt ciudad f 19, 21, 72, 76, 82, 116
Stadtmauern murallas de la ciudad f/pl 82
Stadtplan plano de la ciudad m 19
Stadtrundfahrt vuelta por la ciudad f 80
Stadtzentrum centro de la ciudad m 21, 72, 76, 82
Stahl acero m 118
Stange *(Zigaretten)* cartón m 17, 126
stark fuerte 143
Starrkrampf tétanos m 140
starten *(Flugzeug)* salir 71
Station estación f 73
Stativ trípode m 121
statt en lugar de 37
Statue estatua f 82
Steak bistec m 47
stechend *(Schmerz)* agudo(a) 140
Steckdose enchufe m 29
Stecker enchufe m 29, 119
stehen für representar 62
stehlen robar 158
steinig pedregoso(a) 92
stellen poner 24
Stern estrella f 94
Steuer impuesto m 17
Steuerung dirección f 78
Stich picadura f 139
Stiefel bota f 114
Stierkampf corrida (de toros) f 89, 127
Stockwerk piso m 103
Stoff tejido m 109, 111; tela f 114
Stoffladen tienda de tejidos f 99
Stoppuhr cronómetro m 123
stören molestar 96, 157
stoßen empujar 157
Strand playa f 92
Straße calle f 25; carretera f 76, 77, 85, 157
Straßenbahn tranvía m 66
Straßenhilfe auxilio en carretera f 78
Straßenkarte mapa de carreteras m 116
Streichholz cerilla f 118, 126
Strickjacke rebeca f 113
Strom electricidad f 32
Stromspannung voltaje m 26
Strömung corriente f 92
Strumpf media f 113

| Strumpfhose | 185 | Toilettenartikel |

Strumpfhose leotardos *m/pl* 113
Stück trozo *m* 124; *(Theater)* pieza (de teatro) *f* 86
Student/-in estudiante *m/f* 82, 94
Stuhl silla *f* 117, 118
Stuhlgang heces *f/pl* 142
Stunde hora *f* 77, 80, 91, 143, 155
Sturm tempestad *f* 95
suchen buscar 13, 100
Südafrika Africa del Sur *f* 148
Südamerika América del Sur *f* 148
Süden sur *m* 77
Super super *m* 75
Supermarkt supermercado *m* 99
Suppe sopa *f* 40, 43
Surfbrett patín de vela *m* 91
süß dulce 58, 61
Süßigkeiten dulces *m/pl* 64
Süßspeise postre *m* 37
Süßstoff edulcorante *m* 37, 38, 64
Süßwarenhandlung dulcería *f* 99
Synagoge sinagoga *f* 84
synthetisch sintético(a) 111
System sistema *m* 138

T

Tabak tabaco *m* 126
Tabakladen estanco *m* 99, 126
Tabakwaren tabacos *m/pl* 126
Tablette comprimido *m* 105
Tafel*(Schokolade)* tableta *f* 124
Tag día *m* 10, 16, 20, 24, 32, 80, 91, 94, 140, 142, 143, 153
Tagescreme crema de día *f* 107
Tagesgericht plato del día *m* 36, 40
Tageslicht luz del día *f* 120
Tal valle *m* 85
Tampon tampón *m* 105
Tankstelle gasolinera *f* 75
Tante tía *f* 94
tanzen bailar 87, 88, 96
Tarif tarifa *f* 68
Tasche bolsa *f* 17, 18, 102; *(Kleid)* bolso *m* 113
Taschenbuch libro de bolsillo *m* 116
Taschenlampe linterna *f* 118, 119
Taschenmesser navaja *f* 118
Taschenrechner calculadora de bolsillo *f* 119
Taschentuch pañuelo *m* 113
Taschenuhr reloj de bolsillo *m* 123
Taschenwörterbuch diccionario de bolsillo *m* 116

Tasse taza *f* 37, 118
Taucherausrüstung equipo de buceo *m* 92
Tauchsieder calentador de inmersión *m* 119
tausend mil 150
Taxe impuesto *m* 32
Taxi taxi *m* 18, 19, 21, 31, 66
Tee té *m* 38, 60, 64, 124
Teebeutel bolsita de té *f* 124
Teelöffel cucharilla de té *f* 118, 143
Teich estanque *m* 85
Teigwaren pastas *f/pl* 40
Teil parte *f* 138
Telefax telefax *m* 133
Telefon teléfono *m* 27, 28, 134
Telefonbuch guía telefónica *f* 134
Telefongespräch llamada *f* 135, 136
telefonieren telefonear 78, 134
Telefonist/-in telefonista *m/f* 27
Telefonkarte tarjeta de teléfono *f* 134
Telefonnummer número de teléfono *m* 134
Telefonzelle cabina telefónica *f* 134
Telegramm telegrama *m* 133
Teleobjektiv teleobjetivo *m* 121
Telex télex *m* 133
Teller plato *m* 36, 61, 118
Temperatur temperatura *f* 91, 142
Tennis tenis *m* 90, 91
Tennisplatz pista de tenis *f* 91
Tennisschläger raqueta *f* 91
Tennisschuh zapato de tenis *m* 114
Termin *(Arzt)* cita *f* 137, 145
Terminkalender agenda *f* 116
Terrasse terraza *f* 36
teuer caro(a) 19, 24, 100
Theater teatro *m* 82, 86
Thermometer termómetro *m* 105, 144
Thermosflasche termo *m* 118
Thunfisch atún *m* 41, 45, 63
tief profundo(a) 142
Tiefe profundidad *f* 92
Tier animal *m* 85
Tierarzt veterinario *m* 99
Tinte tinta *f* 115
Tintenfisch pulpo *m* 46
Tisch mesa *f* 36, 117, 118
Tochter hija *f* 94
Toilette servicios *m/pl* 27, 32, 66, 157; wáter *m* 23
Toilettenartikel artículos de tocador *m/pl* 106

Toilettenpapier papel higiénico m 107
toll estupendo(a) 84
Tomate tomate m 42, 43, 50, 60, 64
Tomatensaft zumo de tomate m 60
Ton *(Farbe)* tono m 109
Tonbandgerät magnetófono m 119
Tönungsmittel tintes para el pelo m/pl 107
Topas topacio m 123
Töpferei alfarería f 84
Töpferware loza de barro f 127
Tor puerta f 82
Torte pastel m 54, 64; tarta f 54
Tourist turista m 71
Touristenklasse clase turista f 71
tragen llevar 21
Tragetasche bolsa f 102
Tragflächenboot hidroplano m 74
Trainingsanzug chandal de entrenamiento m 113
trampen hacer auto-stop 74
Transistorradio transistor m 119
Transport transporte m 74
Transportmittel medio de transporte m 74
Traube uva f 53, 64
treffen, sich *(verabreden)* citarse 96
Treppe escalera f 103
Tretboot patín acuático m 92
trinken beber 36, 96
Trinkhalm paja f 37
Trinkwasser agua potable f 32
trocken seco(a) 30, 58
Trockenshampoo champú seco m 107
tropfen gotear 28
Truthahn pavo m 49
T-Shirt camiseta f 113
Tube tubo m 124
Türe puerta f 28, 157
Türkis turquesa f 123
türkisfarben turquesa 109
Turm torre f 82
Turnschuh calzado de gimnasia m 114

U

U-Bahn metro m 19, 66, 73
U-Bahnstation estación de metro f 73
Übelkeit náuseas f/pl 140
Überfahrt travesía f 74
übergeben, sich tener vómitos 140
überholen adelantar 79
Überlandbus autocar m 72

übersetzen traducir 12
Übersetzer/-in traductor m/traductora f 131
Übersetzung traducción f 12, 131
Überweisung transferencia f 131
Uhr reloj m 122, 123
Uhrarmband correa de reloj f 123
Uhrengeschäft relojería f 99
Uhrmacher relojero m 99
Umkleidekabine probador m 111
Umleitung desviación f 79
umsteigen cambiar 67, 68, 73; transbordar 67
umtauschen cambiar 103, 112
und y 15
Unfall accidente m 79, 139
Unfallstation casa de soccorro f 137
ungefähr aproximadamente 155
ungefährlich sin peligro 92
ungültig caducado(a) 17
Universität universidad f 82
Unkosten gastos m/pl 131
unser nuestro(a) 161
unten debajo 63; abajo 145, 157
unter debajo de 15
unterbrechen *(Tel.)* cortar 135
unterhalten, sich *(sich vergnügen)* divertirse 96
Unterhemd camiseta f 113
Unterhose *(Damen)* bragas f/pl 113; *(Herren)* calzoncillos m/pl 113
Unterkunft alojamiento m 22
Unterrock enaguas f/pl 113
unterschreiben firmar 26
Unterschrift firma f 25
untersuchen reconocer 137
Untersuchung reconocimiento m 142
Untertasse platillo m 118
Unterwäsche ropa interior f 113
unzufrieden descontento(a) 103
Urin orina f 142
Urlaub permiso m 153

V

Vanille vainilla f 51, 54
Vater padre m 94
vegetarisch vegetariano(a) 36
Vene vena f 138
Verabredung cita f 96, 131
Veranstaltungskalender cartelera de espectáculos f 86
Verband venda f 105
Verbandkasten botiquín m 105

| Verbandmull | 187 | Wanduhr |

Verbandmull gasa *f* 105
verbieten prohibir 32, 79, 82, 92, 157
Verdauungsstörung indigestión *f* 104
Vereinigte Staaten Estados Unidos *m/pl* 148
Vergaser carburador *m* 78
vergessen olvidar 61
Vergiftung intoxicación *f* 142
vergoldet dorado(a) 123
vergrößern *(Fotos)* ampliar 121
verheiratet casado(a) 94
Verhütungsmittel anticonceptivo *m* 105
verirrt perdido(a) 13, 158
Verkauf venta *f* 131
verkaufen vender 100, 157
Verkehr tráfico *m* 76; circulación *f* 79
Verkehrszeichen señal de circulación *f* 79
Verlängerungsschnur prolongador *m* 119
Verleih alquiler *m* 20, 74
verletzt herido(a) 79, 139
Verletzung herida *f* 139
verlieren perder 13, 125, 145, 158
Verlobungsring sortija de pedida *f* 123
Verlust pérdida *f* 131
vermieten alquilar 157
verrenken dislocar 140
verschieden(artig) diverso(a) 127
verschreiben recetar 143
Versicherung seguro *m* 79
Versicherungsgesellschaft compañía de seguros *f* 79
versilbert plateado(a) 123
Verspätung retraso *m* 68, 69
Verstärker amplificador *m* 119
verstauchen *(Fuß)* torcerse 140
verstehen comprender 12, 16, 135; entender 12, 101
verstopfen atascar 28
verstopft estreñido(a) 140
Vertrag contrato *m* 131
Verzeichnis índice *m* 115
Verzeihung perdón 10; perdone 69, 155
verzollen declarar 17
Verwaltung administración *f* 156
Videokamera cámara de vídeo *f* 120
Videokassette video-casete *m* 127
Videorecorder video-grabadora *f* 119
viel mucho 14
vielleicht quizá, tal vez 15
vier cuatro 149

viereckig cuadrado(a) 101
Viertel cuarto *m* 151
Viertelstunde cuarto de hora *m* 155
vierte cuarto(a) 151
vierzehn catorce 149
vierzig cuarenta 149
violett morado(a) 109
Vitamin vitamina *f* 105
Vitrine vitrina *f* 100
Vogel pájaro *m* 85
Vogelkunde ornitología *f* 84
Völkerkunde etnología *f* 84
Volksmusik música folclórica *f* 128
voll lleno(a) 14
Volleyball balonvolea *m* 90
Vollkaskoversicherung seguro contra todo riesgo *m* 20
Vollpension pensión completa *f* 24
von de 15
vor *(räuml.)* delante de 15; *(zeitl.)* antes de 15; hace 141, 151
vorbeigehen pasar 68
vorbestellen reservar 87
Vorfahrt gewähren ceder el paso 79
vorgehen *(Uhr)* adelantar 122, 155
vorgestern anteayer 153
Vorhang cortina *f* 29
Vorhängeschloß cerradura de seguridad *f* 118
vorher antes 14
Vorname nombre *m* 25
vorne delante 75, 145
Vorsaison baja estación *f* 152
Vorsicht cuidado *m* 157, 158
Vorspeise entremés *m* 41
vorstellen presentar 93
Vorstellung *(Theater usw.)* función *f* 86; espectáculo *m* 88
Vorwahl prefijo *m* 134

W

wackeln *(Zahn)* moverse 145
Wagen coche *m* 20, 26, 76
Wagenheber gato *m* 78
wählen *(Telefon)* marcar 134
während durante 15
Währung moneda *f* 102, 129
Wald bosque *m* 85
Walnuß nuez *f* 53
wandern caminar 74
Wanderschuh zapato de excursión *m* 114
Wanduhr reloj de pared *m* 123

wann cuándo 11
Warenhaus grandes almacenes *m/pl* 99, 100, 103
warm caliente 24, 25, 28
Wärmflasche bolsa de agua caliente *f* 27
warten esperar 21, 96
Wartesaal sala de espera *f* 67
warum por qué 11
was qué 11
Waschanlage *(Auto)* estación lavacoches *f* 76
Waschbecken lavabo *m* 28
Wäsche ropa *f* 29
Wäschedienst servicio de lavandería *m* 24
Wäscheklammer pinza para la ropa *f* 118
waschen lavar 29, 76, 110
Waschen und Legen lavado y marcado *m* 30
Wäscherei lavandería *f* 29, 99
Waschpulver detergente *m* 118
Waschsalon lavandería de autoservicio *f* 99
Waschstraße tren de lavado *m* 76
Wasser agua *f* 24, 28, 38, 75, 91, 92, 143
wasserdicht impermeable 122
Wasserfall cascada *f* 85
Wasserhahn grifo *m* 28
Wasserkanister bidón de agua *m* 118
Wassermelone sandía *f* 53
Wasserski esquí acuático *m* 92
Watte algodón *m* 105
Wechsel *(Geld-)* cambio *m* 129
wechseln cambiar 18, 75, 130
Wechselstube oficina de cambio *f* 19, 66, 129
wecken despertar 26
Wecker despertador *m* 119, 123
Weg camino *m* 76, 85
wegwerfen arrojar 157
weh tun doler 139, 140
weich blando(a) 52, 125
Weihnachten Navidad *f* 154
Wein vino *m* 17, 56, 58, 61, 124
Weinhandlung tienda de vinos *f* 99
Weinkarte carta de vinos *f* 58
Weintraube uva *f* 53, 64
weiß blanco(a) 109
Weißwein vino blanco *m* 58
weit lejos 14; *(Kleidung)* ancho(a) 111, 114

weitsichtig présbite 125
Weitwinkelobjektiv objetivo granangular *m* 121
welcher cuál 11
Welle ola *f* 92
wenig poco 14
wenige pocos(as) 14
weniger menos 14
wer quién 11
Werktag día de trabajo *m* 153
Werkzeug herramienta *f* 78
Werkzeugkasten caja de herramientas *f* 118
Wert valor *m* 131
Weste chaleco *m* 113
Westen oeste *m* 77
Wetter tiempo *m* 94
Wetterbericht boletín meteorológico *m* 94
Wettkampf *(Spiel)* partido *m* 90
wichtig importante 14
wie cómo 11
wieder otra vez 136
wiederholen repetir 12
wie lange cuánto tiempo 24
wie oft cuántas veces 143
wie weit a qué distancia 11
Wiese prado *m* 85
wieviel cuánto 11
wie viele cuántos(as) 11
Wild caza *f* 40, 48
Wildleder ante *m* 110, 114
Wildschwein jabalí *m* 49
Wimperntusche pintura de pestañas *f* 107
Wind viento *m* 95
Windel pañal *m* 107
Windschutzscheibe parabrisas *m* 76
Windsurfbrett patín de vela *m* 92
Windsurfen patín de vela *m* 91
Winter invierno *m* 152
Wintersport deporte de invierno *m* 92
wir nosotros(as) 160
Wirbelsäule columna vertebral *f* 138
wissen saber 16, 24
wo dónde 11
Woche semana *f* 20, 24, 80, 143, 153
Wochenende fin de semana *m* 20, 153
wohin adónde 11
wohl bien 140
wohnen vivir 147; *(vorübergehend)* hospedarse 93
Wohnort domicilio *m* 25
Wohnung apartamento *m* 22

Wohnwagen caravana f 32
Wolke nube f 95
Wolle lana f 110
Wort palabra f 12, 15, 133
Wörterbuch diccionario m 12, 116
wund inflamado(a) 145
Wunde herida f 139
Wundsalbe crema antiséptica f 105
Wundstarrkrampf tétanos m 140
Wunsch deseo m 13, 154
wünschen desear 35, 103
Würfelzucker azúcar en terrones m 124
Wurst salchichón m 42
Würstchen salchicha f 64, 124
Würze condimento m 37

Z

zäh duro(a) 61
Zahl número m 149
zahlen pagar 62, 102
Zahlung pago m 131
Zahn diente m 145
Zahnarzt dentista m 145
Zahnbürste cepillo de dientes m 107
Zahnfleisch encía f 145
Zahnpasta pasta de dientes m 107
Zahnschmerzen dolor de muelas m 145
Zange tenazas f/pl 118
Zäpfchen supositorio m 105
Zehe dedo del pie m 138
zehn diez 149
zehnte décimo(a) 151
Zeichenblock bloc de dibujo m 116
Zeichenpapier papel de dibujo m 116
zeigen enseñar 13, 76, 100, 101, 120; mostrar 119; *(Weg)* indicar 13; *(deuten)* señalar 12
Zeit tiempo m 80, 155
Zeitschrift revista f 116
Zeitung periódico m 115, 116
Zeitungsstand quiosco de periódicos m 66, 99, 115
Zelt tienda f 32, 118
Zeltboden alfombra f 118
zelten acampar 32
Zeltpflock estaca f 118
Zeltstange mástil m 118
Zentimeter centímetro m 111
Zentrum centro m 19
zerbrechen romper 125
Zeugnis certificado m 144

ziehen tirar 157; *(Zahn)* sacar 145
Zigarette cigarrillo m 17, 96, 126
Zigarettenetui pitillera f 123, 126
Zigarettenspitze boquilla f 126
Zigarre puro m 126
Zimmer habitación f 19, 23, 24, 25, 26, 28
Zimmerbedienung servicio de habitación m 24
Zimmermädchen camarera de piso f 27
Zimmernummer número de la habitación m 26
Zinn peltre m 123
Zins interés m 131
Zitrone limón m 38, 53, 54, 60, 64
Zoll aduana f 16, 102; *(Gebühr)* impuestos m/pl 17
Zollerklärung declaración para la aduana f 133
Zoo zoológico m 82
Zoologie zoología f 84
zu a, para 15; *(zuviel)* demasiado 14
Zubehör accesorios m/pl 113, 121
Zucker azúcar m 37, 38, 64
Zug tren m 65, 67, 68, 69, 73, 155
Zündkerze bujía f 75
Zündung encendido m 78
Zunge lengua f 138
zurückerstatten devolver 103
zurückgeben entregar 20; devolver 103
zurückkehren volver 80; estar de vuelta 136
Zuschlag suplemento m 40, 67, 68
Zutritt entrada f 157
zwanzig veinte 149
zwei dos 149
Zweierkabine camarote doble m 74
zweimal dos veces 151
zweite segundo(a) 151
Zwiebel cebolla f 43, 44, 50
zwischen entre 15
Zwischenstecker adaptador m 119
zwölf doce 149

Indice en español

Abreviaturas	156
Accidentes	79, 139
Aduana	17
Aeropuerto	16, 71
Alfabeto	9
Alimentación	63, 124
Amigos, haciendo	93
Año	151
Aparcamiento	77
Aperitivos	55
Artículos eléctricos	119
Autobús	72
Autocar	72
Aves	48
Avión	71
Ballet	87
Banco	129
Barco	74
Bebidas	55
sin alcohol	60
Bicicletas, alquiler de	74
Billetes	
concierto	87
tren	68
Cambio	18, 129
Camping	32, 117
Campo	85
Carne	47
Casetes	127
Centros nocturnos	88
Cerveza	59
Cine	86
Citas	96
Coche	75
accidentes	79
alquiler	20
aparcamiento	77
averías	78
reparación	79
Color	109
Comercios	98
Comestibles	124
Compras, guía de	97
Concierto	87
Condimentos	51
Correos	132
Corrida	89
Cubiertos	118
Cuerpo, partes del	138
Curas	146
Dentista	145
Deportes	90
Desayuno	38
Diabéticos	37, 141
Días de la semana	153
Días festivos	154
Dieta	37
Dinero	18, 129
Direcciones	76
Discos	127
Discotecas	88
Diversiones	86
Droguería	104
Edad	151
Enfermedad	140
Ensaladas	43
Entremeses	41
Equipaje	18, 70
Estación	66
Estaciones	152
Expresiones generales	10
Familia	94
Farmacia	104
Fechas	153
Fotografía	120
Fruta	53
Gasolinera	75
Ginecólogo	141
Gramática	159
Hora	155
Hospital	144

Índice en español

Hotel	22
correo	28
despedida	31
dificultades	28
recepción	23
reserva	19
Iglesia	84
Invitaciones	95
Joyería	122
Juguetes	128
Lavandería	29
Letreros	157
Librería	115
Mariscos	45
Médico	137
Menú	39
Meriendas	63, 124
Meses	152
Metro	73
Música	87, 127
Negocios, expresiones de	131
Números	149
Objetos perdidos	158
Oficina de turismo	80
Ópera	87
Óptico	125
Paella	45
Países	147
Papelería	115
Pasaporte	16
Peluquería	30
Perfumería	104
Personal del hotel	27
Pesca	91
Pescado	45
Playa	92
Policía	79, 158
Postre	54
Presentaciones	93
Provisiones	63
Queso	52
Recuerdos	127
Relojería	122
Restaurante	33
carta	40
cuenta	62
pidiendo	36
reclamaciones	61
Robo	158
Ropa	108, 112
Salsas	49
Saludos	10, 154
Señales de circulación	79
Servicios religiosos	84
Sopas	43
Tabacos	126
Talla	108
Taxi	21
Teatro	86
Tejidos	110
Teléfonos	134
Telegramas, télex	133
Tiempo	94
Tintorería	29
Tocador, artículos de	106
Tortillas	44
Transportes	
autobús	72
avión	71
barco	74
billetes	68
información	66
metro	73
tren	65
Urgencias	158
Vajilla	118
Verduras	50
Vino	56
Visitas turísticas	80
Vivienda	22
Zapatos	114

FRANKREICH
Andorra
La Coruña
Gijón
Oviedo
Santander
Bilbao
San Sebastián
Vitoria
Pamplona
Vigo
León
Burgos
Ebro
Valladolid
Duero
Zaragoza
Barcelona
Tarragona
Salamanca
PORTUGAL
Avila
MADRID
Tajo
Toledo
Menorca
Mahón
Mallorca
Palma
Ibiza
Ibiza
Valencia
Lissabon
Guadiana
Albacete
Alicante
Elche
Murcia
Cartagena
Córdoba
Guadalquivir
MITTELMEER
Huelva
Sevilla
Granada
Málaga
Almería
Jerez de la Frontera
Cádiz
ATLANTISCHER OZEAN
Gibraltar
Tanger
Algier
ALGERIEN
Oran
MAROKKO

BERLITZ...

Wer kennt sie nicht, die weltweit bekannten Sprachschulen? Doch hinter dem Namen Berlitz steckt mehr – ein Weltverlag für alles, was mit Reisen zu tun hat: Reiseführer, Sprachführer, Wörterbücher sowie Sprachkassetten und -kurse zum Selberlernen.

Bücher von Berlitz sind leicht und unterhaltsam zu lesen, sehr genau, auf dem neuesten Stand und trotz geballter Information so handlich, daß sie in jede Tasche passen.

Machen Sie es wie Millionen von »Globetrottern«: Ob zum Vergnügen oder fürs Geschäft unterwegs – Berlitz gehört dazu.

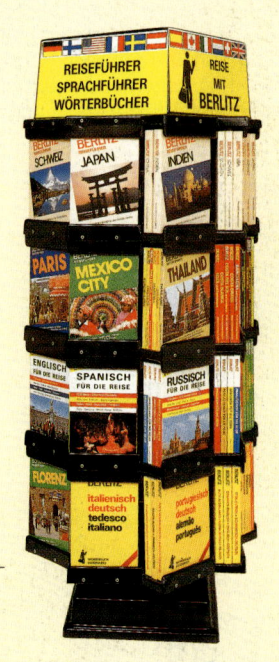

BERLITZ®

Weltverlag für
Bücher und Kassetten
für die Reise

Berlitz Verlag,
Macmillan S.A.

BERLITZ® Bücher führen weltweit

REISEFÜHRER

Berlitz Reiseführer, modern gestaltet und auf neuestem Stand, belasten weder Geldbeutel noch Gepäck. Auf 128 oder 256 Seiten – mit Farbfotos, Karten und Plänen – bringt Ihnen Berlitz alle Informationen, die Sie brauchen: Was es zu sehen und unternehmen gibt, wo man einkauft, was man ißt und trinkt... und wie man die Reisekasse schont.

	AUSTRALIEN	Australien (256 S.)
	BELGIEN, NIEDERLANDE	Brüssel Amsterdam
	CSSR	Prag
	DEUTSCHLAND	Berlin München Rheinland und Moseltal
	FERNER OSTEN	China (256 S.) Hongkong Indien (256 S.) Japan (256 S.) Singapur Sri Lanka Thailand
AFRIKA	Kenia Marokko Südafrika Tunesien	

*in Vorbereitung

SPRACHFÜHRER

Die meistgekauften Sprachführer der Welt enthalten alle Redewendungen und Vokabeln, die für die Reise wichtig sind – mit Lautschrift bei jedem Wort. 192 Seiten.

Dänisch	Nordamerika-	Serbokroatisch
Englisch	Englisch	Spanisch
Französisch	Portugiesisch	Suaheli
Griechisch	Russisch	Türkisch
Italienisch	Schwedisch	Ungarisch

FRANKREICH	Bretagne Côte d'Azur Frankreich (256 S.) Normandie Paris Tal der Loire		NAHER OSTEN	Ägypten Jerusalem Zypern
			ÖSTERREICH	Tirol Wien
GRIECHEN- LAND UND TÜRKEI	Ägäische Inseln Athen Korfu Kreta Peloponnes Rhodos Thessaloniki und Nordgriechenland Istanbul/Ägäische Küste Türkei (192 S.)		PORTUGAL	Algarve Lissabon Madeira
			SCHWEIZ	Schweiz (192 S.)
			SKANDI- NAVIEN	Helsinki und Südfinnland Kopenhagen Oslo und Bergen Stockholm

			SPANIEN	Barcelona und
				  Costa Dorada
				Costa Blanca
				Costa Brava
				Costa del Sol
				  und Andalusien
				Ibiza und
				  Formentera
				Kanarische Inseln
				Madrid
				Mallorca
				  und Menorca

GROSS- BRITANNIEN	Oxford und Stratford London Schottland			
IRLAND	Irland			
ITALIEN	Florenz Italien (256 S.) Italienische Adriaküste Italienische Riviera Rom Sizilien Venedig			
			UNGARN	Budapest Ungarn (192 S.)

JUGOSLAWIEN	Dubrovnik und
	  Süddalmatien
	Istrien und Kroatische
	  Küste
	Split und Dalmatien
			USA UND
			KANADA
				Florida
				Hawaii
				Kalifornien
				Miami
				New York
				USA (256 S.)
				Kanada (256 S.)*
				Montreal

KARIBIK	Bahamas Französische Antillen Jamaika Kleine Antillen, Südliche Inseln			
			UDSSR	Moskau und Leningrad
LATEIN- AMERIKA	Mexico City Rio de Janeiro		EUROPA	Manager-Reiseführer Europa (352 S.)
MALTA	Malta			

BERLITZ

german
english
englisch
deutsch

WÖRTERBÜCHER

Je 12 500 Begriffe in Deutsch und Fremdsprache, mit internationaler Lautschrift zu jedem Stichwort. Dazu die nützlichsten Sätze für die Reise und ein Führer durch die Speisekarte. Über 350 Seiten.

| Dänisch | Finnisch | Italienisch | Norwegisch | Schwedisch |
| Englisch | Französisch | Niederländisch | Portugiesisch | Spanisch |

Mit Berlitz Büchern haben Sie die Welt in der Tasche!

SPRACHSETS
Die ideale Kombination: Der Sprachführer liefert den Wortschatz für die Reise, mit der Hi-Fi-Kassette verbessern Sie Ihre Aussprache. Nur zuhören und nachsprechen! Erhältlich in 8 Sprachen.

Jedes Sprachset enthält ein Begleitheft mit Aussprachehilfen und vollständigem Text der zweisprachigen Kassette.